主编 / 王子午

U0589304

关 注 海 域 局 势 · 了 解 海 战 历 史 · 传 承 海 洋 文 化

海战事典

MOOK

▸001

吉林文史出版社

JILINWENSHICHUBANSHE

图书在版编目（CIP）数据

海战事典.1 / 王子午主编. -- 长春：吉林文史出
版社, 2015.6

ISBN 978-7-5472-2763-3

Ⅰ. ①海… Ⅱ. ①王… Ⅲ. ①海战－战争史－世界－
通俗读物 Ⅳ. ①E19-49

中国版本图书馆CIP数据核字(2015)第087683号

HAIZHAN SHIDIAN

海战事典 001

主编 / 王子午

责任编辑 / 吴枫　特约编辑 / 王菁

装帧设计 / 杨静思

策划制作 / 指文图书　出版发行 / 吉林文史出版社

出版社地址 / 长春市福祉大路 5788 号　邮编 / 130118

印刷 / 重庆亘鑫印务有限公司

版次 / 2015 年 5 月第 1 版 2024 年 4 月第 2 次印刷

开本 / 787mm × 1092mm　1/16

印张 / 13　字数 / 256 千

书号 / ISBN 978-7-5472-2763-3

定价 / 79.80 元

本书创作团队简介

指文伙伴骑兵工作室，由王子午等数名资深海战历史作者组成，致力于海洋军事文化相关的写作与翻译工作，力求以最详实的史料、最准确的解读和最深入的分析，带读者领略海洋战争艺术的精华所在。

王子午，生于天津，长期从事军事历史类书籍、文章的写作和研究，曾担任《战舰》杂志执行主编。著有《日本武士战争史》、《世界航空母舰全览》等作品。

胡烨，祖籍湖南，生于广西南宁。爱好军事翻译领域，精通英语、日语和越南语，对德军和越南、太平洋、欧洲等战场的战史有一定的造诣。著有《太平洋战争：蒙达之战》等。

吴嘉凯，生于山东淄博，军事历史爱好者，对一、二战历史有着浓厚兴趣，长期从事军事史写作，发表有《德国工兵事典》等近十篇文章。

管曹梦茜，生于江苏镇江，南京大学出版硕士在读。二战史爱好者，对第二次世界大战中的潜艇战拥有浓厚的兴趣，业余时间从事相关领域文章、书籍的研究与写作。

CONTENTS 目录

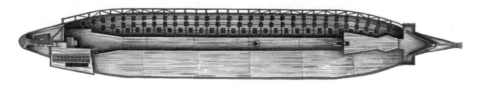

前言

在人类对战争最古老的记载中，战船和海战便占据着最为重要的一席。萨拉米斯海战被视作西方世界的文明基石，勒班托海战为基督教和伊斯兰教长达千年的互相攻略做一了结，日德兰海战彻底粉碎了德国在一战中的取胜希望，太平洋战争奠定了现今的东亚局势。海战是陆战的延伸，但它的意义又不仅限于此，对强极一时的雅典或是大英帝国这样的海权国家而言，陆权反而可说是海权的延伸——谁能控制大海，谁就能控制陆地，两千年来的史实都反复印证着这一点。

《海战事典》是由原《战舰》杂志执行主编王子午担纲主编的一套海洋军事文化类综合 MOOK 读物，其内容覆盖了如海战历史、跨海作战、战舰技术、海军文化、海战轶事等从古至今与海洋相关的一切军事文化内容。与近年来流行的刊物不同，《海战事典》系列将褪去对历史事件进行过度加工所带来的传说色彩，力主以客观、冷静、严谨、考据的创作精神解读海战文化，将精致丰富的图文呈现读者。

作为《海战事典》系列的开山之作，本书选取了四个完全不同的解读角度。《跨海围攻：公元前 333 年至公元前 332 年泰尔围攻战》一文讲述了亚历山大东征时期，为与波斯争夺制海权，使用陆军跨海对泰尔港进行围攻的故事，展示了海权对这位人类历史上最伟大的征服者是何等重要。《玉碎比阿克：1944 年美日比阿克岛争夺战》将为读者解析比阿克岛之战的每一处作战细节，该战役是太平洋战争中最重要的岛屿争夺战之一，本文将以连载的形式陆续发表。《彩虹舰队：德国公海舰队斯卡帕湾自沉事件》一文则以最真实的视角，褪去德国公海舰队在斯卡帕湾自沉的荣誉光环，为读者还原一个真正的彩虹舰队事件。《‹纪念恩格尔伯特·恩德拉斯›：从潜艇艇长视角看大西洋潜艇战》由德国海军著名艇长埃里希·托普撰写，悼念自己在战斗中阵亡的战友——另一位艇长格尔伯特·恩德拉斯，从这篇由潜艇人自己撰写的文章中，我们可以从另一个视角了解二战潜艇战。

跨海围攻

公元前 333 年至公元前 332 年
泰尔围攻战

作者：王子午

■ 亚历山大头像。

若要问谁是人类历史上最伟大的征服者，也许回答起来要远比"谁是最能干的将军，最杰出的哲学家、诗人"容易得多。亚历山大，在这位33岁的"马其顿国王"、"希腊统帅"、"埃及法老"、"波斯大王"、"亚洲之王"殒命巴比伦之前，他的头衔比当时世界上任何一位显贵都耀眼。不过所有这些头衔，都无法和他在格拉尼卡斯、伊苏斯、高加梅拉以及海达斯佩河等会战中的卓越战术相提并论，更无法与他在小亚细亚、腓尼基、美索不达米亚、索格迪亚、巴克特里亚等战役中迅雷般的行动比肩。

不过，每当提到亚历山大，我们所想到的，总是壮观的马其顿方阵和英勇的伙伴骑兵，却很少将他和海战联系在一起。可事实上，在亚历山大远征的最初几年中，他完全把时间花在了获取制海权上，直到取得整个地中海东部的制海权后，他才终于敢一路向东，直捣印度。与我们常见的方式不同，亚历山大并非依靠强大的舰队来赢得决定性的海战，而是利用陆军，一路攻陷了沿岸所有波斯的海军基地本篇将解读这一系列围攻战中最重要、最困难也是亚历山大唯一一次动用舰队进行跨海作战的战役——泰尔围攻战。

从希波战争到马其顿霸权

公元前480年，统治着大半个亚洲的波斯国王薛西斯一世，继承了其父大流士一世的遗志，率领超过30万大军跨过赫勒斯滂海峡入侵希腊。这场希波战争分为两次大规模的战役，第一次战役以波斯人跨过赫勒斯滂海峡，进入马其顿和色雷斯作为开端，以萨拉米斯海战作为终结。在这一年中，薛西斯在温泉关会战中取胜并占领了雅典，但却在萨拉米斯海战中被希腊联合舰队击败，放弃了从科林斯地峡进入伯罗奔尼撒半岛的企图，并率领主力撤回亚洲。第二次战役则为希腊联盟陆军与马多尼奥斯指挥的波斯留守部队的对抗，并最终以希腊人在普拉蒂亚会战的胜利告终，将波斯人彻底赶出了希腊。

■ 萨拉米斯海战中正在与波斯战舰交战的希腊三列战舰。由于萨拉米斯海战阻止了波斯人的入侵，这一战也被视为西方文明的基石。

　　在取得希波战争的胜利之后，希腊原本应迈入自己的黄金时代。但与此相反，当危险离去之后，希腊立刻便恢复到了城邦分立的状态中。凭借着萨拉米斯海战的余威，雅典人建立了提洛同盟，但事实上这只是他们建立雅典帝国的幌子。在雅典人的紧逼之下，斯巴达也建立了伯罗奔尼撒同盟。二者最终爆发了从公元前 431 年一直延续到公元前 404 年的伯罗奔尼撒战争。这场旷日持久的战争中并没有发生任何巨大的决定性会战，战争双方也因此都陷入了对国力的无限制消耗之中。在伯罗奔尼撒战争之前，所有希腊士兵都是志愿兵，不收军饷。但由于大片土地被毁，希腊的公民们不再愿意离开自己仅剩的土地为国而战，除非城邦向他们支付军饷。这样一来，他们就逐步成了职业的雇佣兵，丧失了他们因爱国而战的荣誉。

　　在战乱之中，原先在希波战争中失败的波斯帝国对希腊的影响力不降反升。波斯大王不断用黄金收买、挑拨各城邦，让他们自相残杀，两败俱伤后被迫向波斯靠拢。另一方面，波斯军队中也雇用了越来越多的希腊佣兵，这些佣兵逐渐成了波斯步兵的主力。为了波斯雇主的大量黄金，他们不惜与同胞作战。斯巴达更是与波斯签订了条约，二者共同对抗雅典，还耻辱地承认波斯对希腊具

公元前401年，一支13000人的希腊佣兵突破波斯人的围追堵截从波斯帝国腹地平安撤退到黑海沿岸，向世人证明希腊军队在适当的领导下完全可以击败庞大的波斯部队。

伯罗奔尼撒战争虽然是希腊重步兵的黄金时代，却也见证了他们从顶峰到衰落的过程。他们开始不再为国而战，而专门受雇于出价最高的一方，甚至与同胞自相残杀。

有宗主权。在波斯的资助下，斯巴达人组建了一支舰队，击败了雅典舰队，毁灭了雅典赖以自立的海权，迫使雅典求和，承认斯巴达的领导地位。事实上，虽然伯罗奔尼撒战争为希腊内斗画上了句号，但像斯巴达这样一个不重视商业、文化的城邦，是无法像雅典那样将希腊重新带入黄金时代的。

公元前401年，波斯王室发生内战，小居鲁士试图抢夺兄长阿尔塔薛西斯的王位。在小居鲁士被杀之后，受雇于他的13000名希腊佣兵在色诺芬的领导下，突破了波斯人的围追堵截，从幼发拉底河一路撤退到黑海。紧接着，在公元前399年到公元前394年，斯巴达与波斯又爆发了战争。斯巴达国王阿格西劳斯率军入侵小亚细亚，成为第一个入侵波斯的希腊人。不过，波斯的黄金和斯巴达的暴政又一次使希腊陷入内战，迫使阿格西劳斯回国。

在新战争中领导底比斯军队的将军伊巴密浓达，要算是有史以来对大战术贡献最大的人。他发明的斜形序列在后来的两千多年时间里都是最常用也最有效的会战战术。凭借着斜形序列，伊巴密浓达在留克特拉和曼丁尼亚两次会战中击败斯巴达人。若不是他死在了公元前 362 年的曼丁尼亚会战中，底比斯很有可能会成为希腊的新主宰者。当雅典、斯巴达、底比斯相继精疲力竭之后，希腊便只好等待着一位外来者来统治了，此人便是马其顿的腓力二世。

腓力二世早年曾作为人质留滞在底比斯，见识过希腊璀璨的文化以及伊巴密浓达的卓越将才。当他取代阿明塔斯四世成为马其顿国王之后，便开始对军队和国家进行彻底的改革，将这个在希波战争时期还是波斯属国的半野蛮国家，改造成了一个希腊文化影响下的强大王国。其军队核心由本族的常备军组成，装备精良，训练有素，腓力则用色雷斯的金矿和借款供养他们。利用这支军队和手中的金矿，腓力镇压了马其顿西北的

▌ 马其顿的腓力二世。

野蛮人，还迫使希腊人屈服在他的脚下，任命他成为整个希腊的统帅，只有斯巴达仍坚守独立。

腓力十分清楚，波斯帝国的黄金对于希腊的反马其顿势力而言，无疑是最坚强的支援，也正是引发希腊人不断内战的原因之一。无论是出于上述原因，还是为自己担任希腊统帅寻找理由，进攻波斯都是腓力唯一的选择。

公元前 336 年，腓力二世派出了自己最信任的将领——帕尔梅尼奥和阿塔拉斯率领 10000 人进入亚洲，命他们在那里等待自己的到来。可腓力却在参加自己女儿婚礼时突然遇刺。这位马其顿此前从未出现过的伟大国王，为自己的儿子——马其顿的亚历山大三世，留下了一支极为强大的军队、一个改革一新的繁荣希腊化王国、一个远征波斯的梦想和 500 台仑黄金的欠款。

▌ 一幅描绘斯巴达在伯罗奔尼撒战争中获胜的画作。事实上，虽然斯巴达赢得了战争的胜利，但由于其缺乏经济和文化传统，仍无法将希腊带入黄金时代。

亚历山大

自称亚历山大后裔的罗马皇帝卡拉卡拉所铸造的奥林匹亚斯头像纪念币。由于此时已是奥林匹亚斯卒亡500年之后，其形象并不可信。

亚历山大少年时期的导师亚里士多德。

对于亚历山大这样一位人物，我们绝不可能仅仅用一篇文章或是一个章节将他的一生叙述完整，他的伟业恐怕要再写一部鸿篇巨著才能彻底描述清楚。因此，我们在此只对他出征波斯之前的情况做一简述。

公元前356年7月20日，亚历山大在马其顿的佩拉出生。其母亲是一位因政治原因与腓力结婚的伊庇鲁斯半野蛮部落的公主，名为奥林匹亚斯。奥林匹亚斯的家族自称拥有阿喀琉斯的血脉，而亚历山大的父亲腓力也声称自己是赫拉克勒斯后裔。亚历山大在幼年时所受的教育多半来自于母亲的家族，导致亚历山大或多或少地相信了自己拥有阿喀琉斯高贵血统的说法。

11岁对亚历山大来说是一个幸运的开端，因为亚里士多德这位在知识领域征服了世界的人，成了这位未来世界征服者的老师。从这位伟人身上，亚历山大学到了最富有智慧的知识，并因此获益终生，印证了"名师出高徒"这句话。令人遗憾的是，这位学生后来失去了导师兼朋友的信任。

从母亲那里，亚历山大继承了狂热、多愁善感以及英雄的气魄；而从他父亲那里，亚历山大得到了强健的体魄、理智的思维、冷静的判断力以及万无一失的洞察力。驯服战马布塞弗勒斯的故事可能也并非谣言。按照普鲁塔克的记载，当天在场的任何人都无法驾驭这匹精神紧张的骏马，多半是因为他们都略有些粗暴。亚历山大却能细心观察其性格，温和却又无畏地跨上马背，轻松地驾

■ 描绘亚历山大驯服布塞弗勒斯情景的铜像。

驭了它。从那天起，布塞弗勒斯始终至诚地为亚历山大效力，直到死于海达斯佩河会战后对波鲁斯的追击中。

在亚历山大 16 岁那年，腓力出发围攻拜占庭，将儿子留在首都佩拉担任摄政。亚历山大不仅很好地处理了内政事务，更率领手中的部队镇压了一个色雷斯部落的叛乱，从他们手中夺取了一个城镇，并将其改造成了一座亚历山大城，这也是第一座以他的名字命名的城市。两年后，他又在喀罗尼亚会战中指挥马其顿左翼击败了底比斯精锐的圣

团步兵，为腓力赢下了这场决定希腊统治权的决定性会战。

在腓力遇刺后，亚历山大被拥立为王，他立刻杀死了腓力的后妻、后妻之子、腓力的前任国王阿明塔斯，以及腓力后妻的舅舅阿塔拉斯。之后，他又花了两年时间，在公元前 336 年至公元前 335 年间平定了西北方向试图叛乱的野蛮人以及再次举兵反对马其顿的底比斯，并夷平了这座古城。

在这一连串行动以及后来为入侵波斯所进行的准备中，亚历山大非但没有清偿

■ 希腊最古老、最辉煌城市之一的底比斯,被亚历山大在很短的时间内攻陷并夷为平地,这一军事行动立刻使希腊境内所有反对马其顿的声音戛然而止。

腓力留下的债务,反而在原有基础上增加了800台仑。也许这些债务数字在古代战争中并不算显眼,但事实上,它却为亚历山大制海权政策的制订带来了巨大影响。资金的匮乏使亚历山大在相当长的一段时间里无法维持舰队的正常开销,致其行动处处受限。若非波斯内部的不团结及其将领的无能,亚历山大很可能会因制海权的被动而在亚洲陷入绝境。

海权对亚历山大东征的影响

公元前334年,亚历山大沿着当年薛西斯入侵马其顿的旧路,率领大约30000名步兵、5000名骑兵以及160艘战舰进入小亚细亚。对他而言,首要任务便是要在亚洲获得一个落脚点。早在亚历山大本人率军进入小亚细亚之前,波斯国王大流士三世便已经派出了他手下最能干的将领,一位来自罗德岛的希腊佣兵的将军——门侬来统领整个小亚细亚地区的所有波斯军队,并给了他20000名希腊佣兵和多达400艘战舰的支援。此前门侬已经击败了帕尔梅尼奥所率领的一部分军队,使其除坚守海峡桥头堡以外一无所获。

早在亚历山大进入亚洲之前,门侬便已制订了一个计划。他并不打算利用舰队的优势在赫勒斯滂海峡将亚历山大拒之门外,而是试图将亚历山大引入小亚细亚,在陆上使用焦土政策消耗亚历山大的实力,又在海上利用占绝对优势的舰队切断他与希腊的交通线,使亚历山大无法回国;之后,他打算与斯巴达、雅典等反亚历山大的希腊城邦联合,入侵马其顿本土。无论从哪个角度来讲,这一计划都无懈可击。门侬不但认清了波斯在小亚细亚的陆军根本无法抵挡马其顿的精兵和亚历山大本人的事实,也非常睿智地意识到,自己对抗亚历山大最有力的武器便是波斯的舰队以及爱琴海、地中海的海权。若能以波斯的海上优势来抵消亚历山大的陆上优势,那波斯人便一定能获得成功。可由于小亚细亚的波斯总督不愿意毁坏自己领地上的财产,也不愿意听从门侬这样一个希腊人的指挥,强迫他在格拉尼卡斯河上与亚历山大

▌在格拉尼卡斯会战中率领骑兵渡河的亚历山大。

进行了一场陆上会战，才让亚历山大在小亚细亚站稳了脚跟。

可即使到了此时，门侬还是有可能实现他的计划。虽然小亚细亚方面的波斯陆军已经被彻底击碎，但门侬本人却已经逃到了巨大的港口城市哈利卡纳苏斯，波斯舰队仍然完整无恙，亚历山大对于小亚细亚各地的攻击，也使他完全有时间将舰队动员起来。

亚历山大自然清楚自己在海权方面的劣势，在分兵两路去征服小亚细亚时，他决定亲自负责波斯舰队所在的爱琴海和地中海区域，把威胁较小的黑海沿岸交给由帕尔梅尼奥率领的另一半军队。自从亚历山大进入亚洲后，后方便不断传来希腊可能与门侬联合的消息，他知道自己若不解除波斯的海权威胁，后者便会如梦魇般在远征期间阻碍他的每一步行动。他面临的选择变得很简单——要么将征服的目标限制在小亚细亚范围内，要么毁灭波斯的海权。但此时亚历山大手中并没有足够强大的舰队，如果他沿用 150 年前希腊人在萨拉米斯海战中的策略——以一场决定性的海战来决定海权的归属，那他本人将注定是失败的一方；海战失败的打击将使希腊重新起兵反对马其顿，而他本人也将被困在小亚细亚。

事实上，在亚历山大与帕尔梅尼奥重新汇合围攻米利都时，亚历山大的舰队曾与赶来增援的波斯舰队相持，当时帕尔梅尼奥就曾建议亚历山大在海战中试试运气，亚历山大并未采纳。亚历山大的决策不无道理。

■ 电影《300》中展现的庞大波斯舰队。虽然这只不过是艺术创作，亚历山大的战役也发生在希波战争结束150年之后，但历史上波斯真的拥有一支足以压倒亚历山大的舰队，使其行动处处受限。

■ 据称是帕尔梅尼奥的希腊将军雕像。

且不论此时他已经占领了米利都的海港，帕尔梅尼奥的建议听上去毫无战略价值；更重要的是，此刻他更忧心海战失利带来的后果——这会使他丧失本就不强大的舰队，使波斯人更能发挥他们的海战优势。从这点不难看出，帕尔梅尼奥的战术眼光实在不怎么高明——每当亚历山大准备与数量庞大却绝非无法击败的波斯陆军开战时，他便会提出反对；可当亚历山大遭遇不占优势的海战时，他又去怂恿亚历山大试试运气。

无论哪个时代，想要削弱或彻底剥夺一个国家的海权，方法无非两个——摧毁敌方的舰队或占领敌方的整条海岸线。1500年之后，日本的武士家族源氏就曾占领了平氏的海岸线，又在决定性的海战中击败了对方，从而成功摧毁了平氏的海权。到了19

英里

公里

黑　海

帕弗拉戈尼亚

本都

色雷斯

拜占庭

卑斯尼亚

安卡拉

卡帕多西亚

**格拉尼卡斯会战
（公元前334年）**

马尔莫拉海

戈尔迪乌姆

兰萨库斯
塞斯
托斯

基济科斯扎雷亚

达斯库里乌姆

阿比杜斯

特洛伊

赫勒斯滂·弗里吉亚

弗里吉亚

皮西迪亚

吕底亚与爱奥尼亚

萨迪斯

切芝纳

西里西亚门

西里西亚

以弗所

阿尔班达

萨迦拉苏斯

索利

塔尔苏斯

羁琴海

米利都

卡里亚

特美苏斯

潘菲利亚

**伊苏斯会战（公
元前333年）**

锡德

哈利卡纳苏斯

吕西亚

罗德岛

N

地中海

塞浦路斯

■ 亚历山大在格拉尼卡斯会战后沿小亚细亚南岸的行动。

世纪，拿破仑曾指挥自己的陆军向英国的海权发起了挑战，他征服了整个欧洲海岸，将英国人封锁在本土和海外殖民地上，但由于当时其他的欧洲国家并不支持他，最终他还是被英国的海权所拖垮。

所幸亚历山大的对手并非英国海军那样的正规军队，而是类似于源平合战中平氏手下那样的乌合之众，波斯的舰队绝大部分都来自于腓尼基城邦和埃及，因为波斯本族的土地位于内陆。在亚历山大征服

了小亚细亚之后，位于地中海东岸的腓尼基已经触手可及。虽然大流士三世正在组建一支庞大的波斯陆军，但此时他们连天边的乌云都算不上。亚历山大决定攻陷从小亚细亚到埃及的整片东地中海海岸，这样一来，他就可以夺得波斯所有的海军口岸，一旦腓尼基人倒向自己一边，波斯舰队的主力也将化为乌有。

话虽如此，亚历山大却因缺少人员和资金于公元前 334 年至公元前 333 年冬季解

黑海

马其顿
爱琴海

科林斯 雅典 爱奥尼亚

斯巴达

塞浦路斯

地中海

腓尼基

■ 门侬从海上切断亚历山大与本土联系的计划。

散了舰队。虽然这本是不得已而为之的行动，也使他得以将舰队中的大约三万人补充到陆军中以进行接下来的一系列围攻。但无论如何，这都算一次极大的冒险，因为这样一来，不仅是小亚细亚和希腊的海岸线，他甚至连军队的侧翼都已经无法保护了。门侬的舰队不仅能够不受阻挠地进攻海岸线，甚至还可以从海上威胁亚历山大的侧翼。

幸运的是，在亚历山大攻陷哈利卡纳苏斯后不久，门侬就因病去世了。此时，门侬从海上扼杀亚历山大的计划才启动没多久。接替其位的是门侬的侄子发那巴扎斯，发那

巴扎斯不过是一员庸将，也不具备门侬对腓尼基人那样巨大的影响力。亚历山大穿过名为"叙利亚门"的一系列谷地进入腓尼基时，就有一些在波斯舰队中效力的腓尼基人动摇了。公元前333年11月初，亚历山大又在伊苏斯会战中击败了波斯大王大流士三世亲自率领的数十万大军，这一胜利如同地震一般，使整支波斯舰队分崩离析，绝大部分腓尼基城市一个接一个地投奔亚历山大。现在，就只剩一座不情愿接受亚历山大统治的腓尼基城市，挡在亚历山大与整个世界之间——泰尔。

希腊时代的海军

与今天相比，当时的海战与陆战之间的区别要小很多。所有希腊士兵都可以被当作水兵，所有的陆军将领也都是舰队司令。

在传说的英雄时代，战舰只被海盗用作抢劫的工具。当商业有所发展之后，海盗才逐渐减少。从希波战争到亚历山大时代，希腊海军正处在自己的巅峰期。地米斯托克利创造了雅典海军，而直到叙拉古陷落之前，雅典始终主宰着希腊的海洋。在希腊人的战争中，舰队经常起到至关重要的作用。

希腊的海岸线形状复杂且暗礁密集，再加上时常发生来势突然的风暴，导致希腊人只能使用较小型的船只作战。当时的战舰以人工划桨作为主要动力，风帆则只是一种辅助性的推进手段。这些战舰体型修长，吃水很浅，甲板下安装有一排到三排甚至更多的划桨。除用于容纳划桨手和士兵的空间外，舰上剩余的空间十分狭小，因此难以携带太

多食物和饮用水，只能由运输舰步步紧随或在海岸线附近行动。通常而言，舰队每晚都会上岸宿营，绝大部分战舰也会被拖到岸上。一旦遭遇风暴，当时的战舰便很可能会遭遇不测，舰队也可能因此而分崩离析。与战舰不同，当时的运输船和商船会更多地使用风帆而非人工划桨，船型与澡盆非常相似。正因如此，运输船、商船也被称为"圆船"，战舰则被称为"长船"，二者皆由外形而得名。

在希腊城邦中，身份等级较高的公民都更愿意成为重步兵或骑兵，只有低等公民、自由人甚至奴隶才会进入舰队服役。不过，在危急时刻，也会有大量步兵登上战舰。三列桨战舰拥有 100 至 150 具甚至更多的划桨，可以搭载 40 至 50 名或更多的重步兵。当时的海战场局限在海岸附近，但舰队本身的机动性却非常优秀，很容易进行调动。在战斗中，只要彼此的划桨不会搅在一起，各

■ 公元前五世纪的一块雕刻画，显示了希腊战舰上划桨手整齐划一的动作。

▎20世纪复原的三列战舰"奥林匹亚"号。由于复制期间单位换算的失误,导致该舰性能并不像真正的希腊三列战舰那样出色。

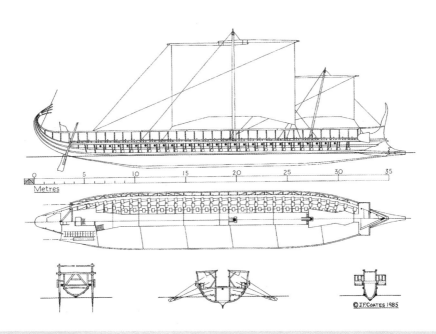

▎希腊三列战舰线图。

舰就会尽可能互相贴近。冲撞对方舰体中部是最有效的攻击手段，所有希腊战舰也都为此装备了铁质的冲角。一旦某艘战舰的船舵损坏，它也同样只能任由对方宰割。海战通常都会演变为接舷战，在这种情况下，士兵和划桨手都会参加到战斗之中。

当时的海战战术与陆战几乎相同。舰队和陆军之间也乐于互相支援，甚至会分享人力和攻城机械。比如，舰队上的人员可以在海岸登陆参加陆战，而在围攻海岸城市时，海陆两军也经常协同作战。

在地面上，希腊人、腓尼基人、波斯人可能会信仰完全不同的军事哲学；但到了海上，无论是希波战争时期，还是亚历山大远征期间，双方所装备的武器、防具等等的设计都非常相似，有时甚至还装备了完全相同的三列桨战舰。三列桨战舰的设计诞生于公元前 6 世纪的地中海东岸，爱奥尼亚希腊人的造船技术直接影响着欧洲希腊人。三列桨战舰最早的用途被设计为运输船只——将战士们运送到海岸上进行战斗（在船上，这些人也可以担任划桨手）。海战要求战舰必须拥有更好的机动性，如果甲板上的步兵不能俘获敌方的战舰，那么己方的战舰就必须拥有使敌方战舰失去行动力的功能。在大型战舰仍然要充当甲板步兵战斗平台的同时，冲撞战术开始浮出水面了。直到公元前 4 世纪结束时，装有冲角的三列桨战舰一直统治着爱琴海、南意大利、西西里以及东地中海地区。

希腊三列桨战舰

一艘建造完毕，搭载全部人员、物资的三列桨战舰，其排水量在 40 吨到 50 吨之间。包括舰体两侧伸出的半米宽的顶层桨座在内，这种战舰宽度通常在五米左右。从甲板到船底最深处，三列桨战舰的深度在三米左右，吃水在一米左右。甲板建筑的高度占水线以上战舰全高的三分之一。三列桨战舰重量较轻，非常耐用，设计者还会根据最新的造船技术，选用更适合的建材对船体的设计进行改进。这些特性都赋予三列桨战舰以海战所需的速度和机动性，也使其寿命达 20 年之久。由于这种战舰吃水较浅，战士们可以轻松地在海滩上将其拖上拖下，它们也很适合在接近海岸的浅水中进行战斗。不过三列桨战舰的适航性能并不优秀，倘若海面浪高超过一米，海水就会通过桨窗灌入船体内部，舰体两端也会被海浪向上托起，舰体中部则会下沉，对舰体强度造成不利影响。

三列桨战舰的船壳本身就是承重结构，其与甲板之间依靠木榫进行连接，每块木板之间的缝隙都会用一种沥青和树脂的混合物进行填充，舰体下部也会用沥青覆盖，这样不仅可以防水，也可以防止污垢和船蛆腐蚀木板。涂抹在船壳外的沥青也会混入一些石蜡来使船壳的外形更加流畅，以减少船体与海水的摩擦力。

战舰的龙骨采用坚实的橡木打造，船壳和甲板则通常会使用重量较轻的杉木，不过

■ 建造中的三列战舰，右上角为其舰体剖面。

由于杉树的数量并不是很多，有时也会采用松木来替代杉木。希腊北部、马其顿和色雷斯是杉木的主要产地，波斯人在这些地区的影响力非常大，在击败波斯之前，雅典人很可能被迫使用了大量松木。松木很容易从希腊中部的高原和欧波亚岛买到，西西里和南意大利也可以作为松木的来源地。

三列桨战舰的舰体内部还会设置一些垂直或者横跨舰宽的圆木来加强船壳的强度。

除此以外，在龙骨以上两米左右的舰首与舰尾间还紧紧绷着两根缆绳，当战舰受损时，这两根缆绳能起到保持舰体结构完整的作用。从舰首延伸至舰尾的甲板在为下方的划桨手们提供防护天棚的同时，也为步兵们提供了战斗的场所。根据修昔底德的说法，在萨拉米斯海战中，地米斯托克利麾下的三列桨战舰甲板并不完整。虽然这条记载看起来非常容易理解，但我们很难想象没有上方保

■ **三列战舰的划桨布置方式。**

护的划桨手如何能在箭雨中幸存下来——任何一艘波斯战舰都可以从 80 米以外射出大量弓矢，且希罗多德笔下的甲板步兵也需要面积较大甲板平台展开战斗。若划桨手们真的没有头顶的保护，唯一的解释就是波斯弓箭手并不擅长射击海上移动的目标。在甲板以下两米的舰体中线上，还设有一架与甲板连通的扶梯，船上的人员可通过它在甲板和桨座之间移动，来自长官的命令和鼓励也可以通过它从舵手的位置传达给划桨手。

三列桨战舰的长度仅为现代八人划桨赛艇的两倍，其设计原则在于以最有效率的方式将最多的划桨手安置在最小的船体内。被三列桨战舰取代的 50 桨战舰虽然长度与前者相当，但航速较前者慢，船体重量也不及前者，在冲撞中占不到便宜。由于桨座总共分为三层，三列桨战舰可在相同长度的船体内容纳三倍以上数量的划桨手（通常有 170 名），每侧的 85 支划桨间可拥有 30 厘米的空当。划桨本身由杉木制成，长度接近四米。划桨较为窄小的一端需要刨削工艺加工，较为宽阔的一端则需加固。舰体首尾的划桨手使用的划桨桨臂较短，以适应舰体宽度的缩减。由于划桨较为脆弱，非常容易在战斗中折毁，因此每艘战舰都会搭载一定数量的备用划桨。

腓尼基人的战舰

在波斯人方面，来自爱奥尼亚和北爱琴海的三列桨战舰在很大程度上与上述雅典人使用的战舰是相同的，只不过这些编队的指挥舰上会飘扬一些标识性的旗帜。来自腓尼基的战舰在很多方面就有所不同了，这些舰只并没有使用杉木或者松木建造船壳，而是使用了雪松木，它们的冲角也更尖锐，长度也更长。这些战舰的甲板四周都安装有护板或是由盾牌加以覆盖的护栏。腓尼基战舰更适宜在海浪比爱琴海更高的东地中海航行，因此其船体可能比希腊人的战舰更宽一些，同时也没有伸出舰体以外的桨座，所有的划桨手都被安排在护板以内。相比起希腊人的战舰，这些战舰较为宽大的舰首更容易被冲角撞坏，但较大的甲板面积、四周封闭的护板以及被舱盖覆盖的扶梯舱口，使其可以在甲板上搭载更多的士兵。这些战舰的舰尾甲板可能比前方的要更高一些，以便舵手和指挥官的目光越过护板和更多的士兵去观察前方。除此以外，波斯人对战舰所做的装饰范围也更广、颜色更鲜艳。据记载，希罗多德在很多场合下都说波斯人的战舰要比希腊人

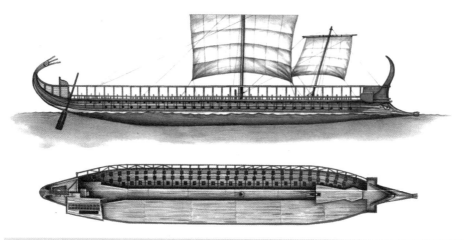

■ 雅典三列战舰两视图。

的好，但他的这种说法很可能是结合了诸多要素而得出的结论，诸如波斯战舰使用的建材更轻，结构更合理，在高海况条件下适航性更好，建造和保养水平更高，成员训练水平更高，舰队指挥人员素质更高以及拥有更丰富的海战经验等等。

战舰乘员

希腊战舰上的170名划桨手中，有70名位于舷外桨座，54名位于中层桨座，54名位于下层桨座，所有三层桨座的划桨手都被分别安排在舰体两舷。大部分划桨手都来自于公民中的底层人士。在公元前480年的危机中，希腊人不得不利用更多的奴隶来充实划桨手。普拉蒂亚和卡尔吉斯（Chalcis）的同盟军也为雅典提供了一部分人力。划桨手中的大多数人都拥有能连续几小时不停划桨所需的耐力和上肢力量，其中很多人在入伍之前就已经学会了划桨和游泳。从公元前5世纪后期开始，划桨手每天都可以领到一份军饷。但在希波战争时期，这些人除了食物和饮水以外，基本上得不到任何军饷。只在某些情况下，他们才能得到一些津贴，来购买一些私人补给品。

与那些富有且必须自费购买全副盔甲、武器的重步兵不同，划桨手不需要为自己准备什么，划桨和桨栓都是城邦配发下来的，这些人的私人物品包括刮胡子用的刀片、一个装橄榄油的长颈瓶、一个皮质水袋，以及睡觉时使用的铺盖、上岸时穿着的一件斗篷和一件束腰外衣。船上没有搭载更多私人物品的空间了，其大部分空间都已经用于放置水袋和水瓶了。现代复制品的三层甲板战舰"奥林匹亚"号上，每位划桨手消耗饮用水的速度超过了每小时一升，据此推测，当时的战舰在每天出海时都会搭载几百升甚至上千升饮用水。出于这一原因，作战地区附近的海岸是否拥有足够的淡水供应，也成了指挥官需要考量的重要因素之一。希腊舰队中的大部分划桨手都是希腊人，无论法定公民，还是那些拥有一定权力和地位的外来定居者，甚至是那些被征召入伍的奴隶，在受命担当这一舰队中极为重要的角色时，都会身负一种使命感，愿意保护其奴隶主或城邦。相比之下，波斯人的舰队中根本就没有波斯划桨手，事实上波斯也根本没有一支属于自己民族的舰队。波斯帝国所有的舰队都由那些臣服于波斯大王的海洋民族组成，这些民族的海员也只是在按照规定服役而已。战斗动机和热情的不同给海战中的双方舰队带来了重大影响。

除划桨手外，在伯罗奔尼撒战争时期，三列桨战舰还拥有 16 名水兵和指挥人员，同时还搭载有 10 名重步兵和 4 名弓箭手。

■ 三列战舰上的舰载重步兵。

萨拉米斯海战时期的舰队编制则较为杂乱，平均每艘战舰搭载士兵30名左右。一旦超载，战舰的性能会有所下降。为保证战舰航行的稳定性，甲板上每名人员的位置都要小心安排，以免引发船体突然失衡而导致翻船。希腊战舰上没有安装护板和护栏也是必须小心安排人员的原因之一。战舰正在运动时，重步兵和弓箭手通常只能蹲坐，甚至趴在自己的位置上。在舰只互相接近的过程中，弓箭手将发射箭矢以干扰对方甲板上的人员，而重步兵则负责保护己方的指挥官和舵手。在蹲跪姿势下射箭和投掷标枪的能力，在这一阶段会显得非常重要。如果双方的战舰在发生冲撞后被缠在了一起，甲板上的士兵就要负责保护己方的战舰不被对方夺走或者抢

夺对方的战舰。对在战舰上服役的重步兵来说，身体的灵活、敏捷与力量、武艺同样重要。所有的舰载重步兵都携带有与普通重步兵相同的重型圆盾和长度将近3米的长矛，其中大部分人还佩有短剑。到了亚历山大时代，将领们出于行动不便等方面因素的考虑，很少会把携带着萨里沙长矛（其长度超过6米）的马其顿方阵步兵部署在战舰上。士兵们应该能自由选择是否佩戴头盔，但却一定不能穿着胫甲。与方阵步兵不同，舰载重步兵更加强调装备的敏捷和灵便，一旦落水还要靠游泳求生，所有这些都要求舰载重步兵放弃胫甲。弓箭手大部分由外国雇佣兵（如克里特人）组成，其中也包括一些最穷的公民或者没有公民资格的本国人。

希罗多德说波斯战舰上的人数总计也在200人左右，包括14名携带有陆战武器的本族士兵。同时每艘船上还会搭载30名来自米提亚族、波斯族或者萨卡伊人（Sacae）等薛西斯大军核心民族的士兵，这些波斯步兵配备了标枪、长矛、短剑和柳条盾牌，虽然希罗多德并没有告诉我们安排这30名士兵上舰的目的，但这些人无疑可以增强波斯战舰的弓箭火力。不过由于他们装备的长矛要比希腊重步兵的更短，盾牌也并不结实，在数量相近时很容易被希腊人击败。战舰上搭载有大量步兵，说明波斯人对接舷战的重视程度不亚于冲撞，也表明其充分掌握了在甲板士兵数量及战舰敏捷性之间寻求平衡的战术方法。

希腊战舰的指挥官在舰尾拥有一个单独的座位。由于其地位的重要性，指挥官很可能要穿戴全副盔甲，同时还要依靠周围士

■ 三列战舰上的弓箭手，通常希腊军队中的弓箭手都是外国佣兵。

■ 三列战舰上的舵手以及为其提供保护的弓箭手。

兵的盾牌保护，保护其免受箭矢和标枪所伤。在希腊城邦的舰队中，这些指挥官都是由将军们从地位最高的公民中挑选出来的，但这些通过抽签交付给他们指挥的战舰仍属于城邦的财产。将军们也同样通过抽签的方式来决定将征召来的劳动力和士兵分配到哪艘战舰上。在马其顿军队中，战舰指挥官则是逐层任命而来，一名指挥官的职责包括监督战舰舾装、维护战舰以及严格训练船员。

舵手通过较长的舵柄来操纵战舰的双舵，其位置形似一个驾驶舱，位于扶梯的后侧、指挥官座位的前方。密集的舰队冲撞战术要求舵手必须拥有优秀的预见力，对航速和距离的精确判断力以及对战舰和成员能力限制的全面了解。"奥林匹亚"号的实验证明舵手不光要有足够的体力，而且还

要有足够的灵敏度和迅速的反应能力，甲胄对于他们来说反而是种累赘。舵手的位置虽然比指挥官更隐蔽，但却无法得到后者那样的保护。

比舵手地位再低一级的就是划桨长，或者也可以称为"水手长"。战斗时他们站在扶梯上，仅将头部和手臂露于甲板以上，其所处位置须与舵手足够接近，以确保其能够听到舵手对改变划桨速度的指示，并将指示准确传达给划桨手。一名优秀的水手长必须能够清楚地解释并传达舵手的命令，而且还要维持划桨手的士气，使他们随时可以贡献最大的力量。根据"奥林匹亚"号的实验经历，在噪杂的背景噪声中，水手长的声音根本无法传达至全舰，因此舰首还专门安排了一名所谓的"舰首划桨官"，

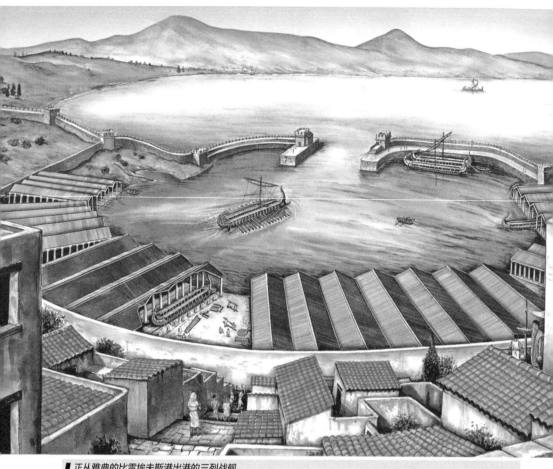

■ 正从雅典的比雷埃夫斯港出港的三列战舰。

他们负责通过识别水手长的手势和口型来配合水手长一同发令，这样一来，二人的和声即可传遍全舰。此外，还有笛手吹奏有节奏的尖锐笛声来帮助划桨手保持节奏的一致，任何节奏上的混乱都有可能导致划桨绊在一起，甚至成为战斗失败的诱因。据修昔底德的著作记载，伯罗奔尼撒战争中的雅典名将伯里克利（Pericles）曾阐释航海技能训练的重要性："与其他所有事情相同，

海战也要依靠水兵的技能，当机会来临时，这并不能当作一件无关紧要的事情来慢慢培养。与之相反，在技能训练前，任何事情都是次要的……公民舵手和甲板人员是我们最重要的财产，我们拥有的人员比整个希腊其余所有城邦相加起来更多，素质也更为优秀。"在三列桨战舰上作战需要比在方阵中作战更高超的技巧和团队配合。在"奥林匹亚"号上担任过两年划桨长的波

利斯·兰克夫（Boris Rankov）这样写道："确实很难想象古代人是如何行动的，即使在现代，要让这么一大群人做到动作同步，也仍需要高水平的技巧。"

每艘三列桨战舰上还会搭载一名木匠，他们携带有大量工具和各种资材，以便使战舰可以在海上实现自我修复。在"奥林匹亚"号的试航过程中，该舰经常出现需要小规模修理和维护的情况，而真正的战斗对木匠的能力无疑会有更严峻的考验。一支舰队无疑需要各种大批量的木材及绳索的储备，而且还要准备好备用的划桨和冲角，以及用于舰体防水的沥青和石蜡。在需要大规模维修的情况下，战舰会被直接拖上岸，若情况允许，还要放置很长时间，直到将舰体水线以下晒干，再清理舰底并重新涂布沥青和石蜡。一艘舰体干燥、舰底整洁的三列桨战舰在性能上要比一艘在海中航行了数月的战舰强很多。由于将舰底彻底晾干需要数天时间，加上希腊人拥有的舰只数量居劣势，因此除非必要，希腊人是不会让战舰在岸上停留太长时间的。

此外，舰上一般还会配备九到十名机动人员，他们被编为舰首班和舰尾班，负责操作风帆（希腊时代双方战舰在战斗时都要将风帆收起），替补受伤或精疲力竭的划桨手，替换损坏的划桨或桨栓，排出灌入舰内的海水，帮助或替换舵手，拉战舰上岸、下水或者下锚等。必要的时候，这些人员还需抓起任何能找到的武器登上甲板与士兵们一起战斗，或者在撞击过后及撞击过程中用杆子将敌舰撑开。波斯战舰上似乎也有这种与希腊类似的人员安排。

■ 三列战舰的风帆。虽然所有的古代战舰都配有风帆，但三列战舰只会在航行时使用风帆，在战斗时则会以划桨作为唯一动力。

在等待行动或是暂停航行补充食物、饮水时，战舰都会采取冲角向海、舰尾上陆的方式上岸，舰体两侧则会布置供人员上下船使用的梯子。在"奥林匹亚"号上进行的测试表明，三列桨战舰能够在岸上以短时间搭载全部人员。从舰首至舰尾方向首先搭载最下层的划桨手上舰，其后是上方的两层划桨手，最后则是甲板人员。人员上舰之后，战舰需要由岸上的人力来将推下海。不过由于很多划桨手在上舰之后就可以开始划桨，而且战舰的冲角又指向大海方向，因此将战舰推下水的过程通常也是非常迅速的。在海水中直接下锚在当时并非常见的停泊方式，因为这样一来搭载人员和物资上舰就要耗费很多时间，而且舰上也没有供水手睡觉的空间，食品供给也十分有限。通常水手们都会在船边宿营，互相分享食物。大麦粥加咸鱼是在希腊水兵的食谱中十分常见，甚至有可能这也是唯一的选择。

战舰性能

■ 以风帆作为动力航行的"奥林匹亚"号三列战舰。

古代文献中关于一些航行花费时间的记录显示希腊三列桨战舰巡航航速应在六节到七节左右，这一速度可维持数小时之久，

而且这种战舰在短时间内进行冲刺的话还可以达到 10 节极速。当战舰仅有一侧划桨，另一侧木桨抬出水面的情况下，其回旋一周的直径不超过自身长度两倍。而向一侧旋转90 度只需两秒，旋转直径不超过半个舰身的长度，即使是划桨出力达到最大的情况下，旋转直径也不会超过舰体本身长度。除此以外，三列桨战舰还可以做到以 Z 字形航线进行精确的曲折航行，同时其瞬时加减速能力也颇具潜能。三列桨战舰完全能够进行更为灵活的佯动、迂回或者冲刺。公元前五世纪到公元前四世纪曾领导著名的"万人大撤退"的希腊名将色诺芬说道："为什么一艘满员的三列桨战舰在敌人眼中如此可怕而在朋友眼中如此惹人喜爱？因为它越水而行的速度！为什么船上的人们能保持秩序井然？因为纪律要求他们坐在他们该坐的位置上，因为纪律要求他们按照他们应该的节奏前后划桨，因为纪律告诉他们应该什么时候上船下船！"

海战战术

关于公元前五世纪的三列桨战舰战术并没有一本存世的著作来记载，因此希罗多德对于海战的描述就成了第一手资料，修昔底德对伯罗奔尼撒战争的记叙也是重要资料来源。

在希波战争的年代里，海战中最为常用的两种机动动作分别为环航（Periplous）和急航（Diekplous），这两种机动的用意都在于调整自身位置以撞击对方船舷或者船尾。而撞击本身的目的有两点，其一是击穿对方船壳，使对方进水沉没，二则是在不损坏己方船桨的同时撞毁对方船桨，使其

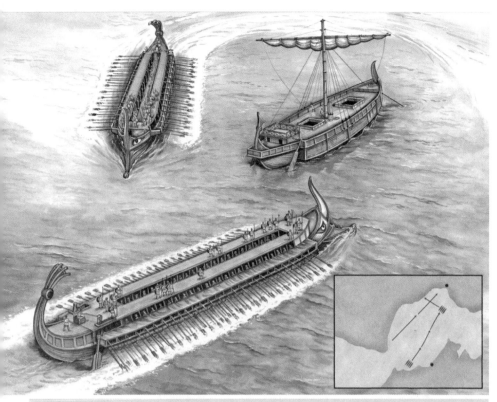

■ 环航战术示意图。

丧失行动能力。一队训练有素的划桨手能够在撞击前的刹那间将敌舰方向的船桨收入船内，而另一侧则继续划桨以保持本舰动力。

环航属于一种侧击和包围机动，防御这种攻击的最佳方式就是保持舰队两翼都拥有沙洲或地岬掩护，如果舰队侧翼和后方的地面都由己方部队占领着，那么对一场海战而言其阵位就要算是占了相当大的优势。如果一支舰队不得不在开阔水域中面对占据数量优势的敌人，为避免侧翼遭到袭击或者包围，指挥官就有可能使用"圆阵"。该阵虽然名为圆阵，但很明显舰队是无法在海上组成一

个完整的圆形编队的。在两艘战舰之间间隔距离与战舰本身长度相等的情况下，一个由200 艘战舰组成的环形队形周长将达到 10公里，直径也将达到 3 公里左右，这样一个庞大而笨拙的环形队列是根本无法在海上进行灵活机动的，从纵队或横队变换成圆阵也需要相当长时间，而这段时间内舰队秩序将会发生混乱，极易遭受攻击。因此所谓圆阵只是让舰队组成一个弧形序列，中央部分突出，两侧内收，并通过高强度机动时刻保持以弧形的中央部分面对敌军，弥补舰队侧翼没有陆地掩护的劣势。即使是这种较为简单的圆阵，对将领指挥艺术和水兵技能的考验

■ 正在叙拉古围攻战中与叙拉古舰队交战的雅典三列战舰。

也绝非等闲之辈能够胜任。

　　无论是单艘战舰、一个战舰分队还是一整支舰队，都可以使用急航战术。在第一种情况下，往往都是该舰的舵手发现对方阵线上出现了空洞，便冒险转舵直冲进这个空洞。而对于编队作战中的情况而言，编队指挥官应在恰当的时间通过号手或旗帜发令，将阵型从横线队形改为纵队，某些情况下这一阵型变换并不需要指挥官下令，只需要僚舰紧随旗舰行动即可。阵型变换完成后，舰队会以全速突破对方阵列，之后再四散开来，攻击敌舰队后方或侧翼。通常而言，在于敌方接战之前，指挥官必须尽量避免编队在复杂的机动过程中过分丧失秩序。

围攻的技术

师从于东方国家，希腊和地中海沿岸城市通常会拥有高大石墙的保护。在这些城墙的转折处，还设有石制箭塔，沿着城墙顶部还会拥有一条道路，外侧由附加的掩体保护。掩体本身为齿形结构或设有箭眼，以便向周边的城市发射矢石。城墙外设有一条又宽又

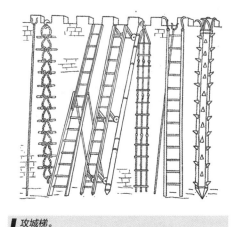

■ 攻城梯。

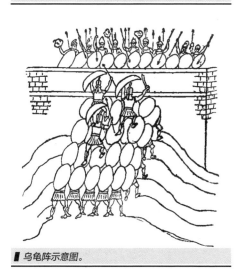

■ 乌龟阵示意图。

深的壕沟或护城河，内部也会在最适合防御的地方设有建有一个或更多的卫城。卫城在形式上与外墙相差不多，但更为坚固。在雅典，卫城被称为"亚克罗玻利"，在底比斯则被称为"卡德米亚"。

在伯罗奔尼撒战争之前，进攻城市的手段并不高明。修昔底德对围攻普拉蒂亚的记载是对当时围攻战的第一份详细描述。而亚历山大对围攻战术发展也有着巨大的推动。在所有门类的战争艺术之中，围攻是最接近纯科学或几何的。如果不能通过饥饿迫使守军投降，那么围攻的手段便只剩下攀登城墙或打破城墙。而对于后一种手段的实施，又有必要尽可能不暴露在对方火力之下。与之相反，守军也必须摧毁对方攀登或打破城墙的工具，并尽可能给对方造成最大的损失，以使其放弃围攻。

攻城梯是最早的攻城工具，它们的首次应用是在七英雄远征底比斯的战争中。其中一位国王，也就是发明攻城梯的坎帕纽斯据说就是从一架他自己制造的攻城梯上跌落而亡。

在攻城梯之后出现的是乌龟阵。密集的士兵将盾牌互相紧靠在一起举过头顶，另一支部队站在盾墙之上，借此攀登城墙或组成第二层乌龟阵以供后续部队攀登。

不过这些原始办法很快即被一些更为常规的手段代替了。围攻者们开始建立防御阵地，既用来阻止包围圈内发动的突围，也用来抵御包围圈外的解围部队。他们建

绘于18世纪的一幅围攻线示意图，虽然要比亚历山大的时代晚了2000多年，但其概念却与2000年前无异。

造抵御对方火力的掩体，发动的进攻也更加高效有序。

围攻时，首先要围绕着城镇或者要塞修建一道闭合的设防城墙来将驻防军包围在内，之后在这道城墙外侧合适的距离上修建另一条城墙，以阻挡外来的解围部队干扰围攻。

在内侧的围攻线前方，围攻者会垒起土丘，并由此进攻城镇的城墙。在建造土丘的过程中，进攻者也会使用掩体或者木棚（有时这些掩体也会被称为"乌龟"）来保护自己的人员。最常见的木棚会拥有一个由厚重横梁支撑的顶盖，其上覆盖有湿泥土、瓦片、新鲜兽皮和其他防火材料，底部则装有车轮。有时围攻者会呈角度

雅典人在围攻叙拉古时所修建的围攻线。

▌后来罗马人使用的简易掩体，与希腊人使用的完全相同。

地建造两排木棚，并在距离城墙一段距离的位置使二者交汇起来。这些木棚前部面对着敌军的一面由生皮和绳股制成的帘子加以保护。

土丘四周由泥土、石头、树木、藤条等材料堆砌城一道框架，其中的空隙则用泥土、石头或者任何可以最快收集起来且能够负担攻城塔重量的材料填满。土丘本身为斜坡状，自城墙由远及近高度逐渐增加，但在接近城壕时会尽量建成一个平面。在建造过程中，围攻者也会在土丘上或土丘两侧建起攻城塔，并从上面发射标枪和矢石，并阻止对方干扰建造工作。当土丘建造完成后，城壕也将被填死，攻城锤或其他攻城武器便将从这里打破城墙。土丘本身并非直接攀登或攻击城墙的工具，而是利用其高度，在其上安排投射部队、攻城塔或投射武器以压制或驱散城墙上的守军，使己方能够不受干扰地填满城壕，将攻城锤等机械运到城墙脚下。

围攻者的攻城武器能被安放在土丘上，具有高度优势，而被围者的武器通常却只能放在城墙后的平地上，难以准确射击。不过守军有时也会在城内建起相同大小的土丘来发挥自己的火力。即使考虑到整支军队，甚至周边地区所有人口都被迫加入工程的情况，这些巨大土丘的建造速度也还是十分惊人。恺撒围攻阿瓦利肯时曾用 24 天便建起

■ 斯巴达人在围攻普拉蒂亚时修建的土丘。

了一个 80 英尺高、330 英尺宽的土丘，其两端还建起了攻城塔。锡拉在围攻马萨达时据说曾建造了一个 286 英尺高的土丘，而在它上面更是还建起了 155 英尺高的建筑！这些数字很有可能并不准确。即使我们以巴比伦的高大城墙作为参考，这些数字也毫无疑问是过分夸大的。不过无疑，这些土丘的尺寸肯定非常巨大。

除土丘以外，有时围攻者也会单独建造攻城塔，因为其建造速度更快，而同时它们的尺寸也同样惊人。据说其高度有时能达到 20 层，即使普通的攻城塔也有 10 层高。攻城塔每一层中都配有士兵，四周也开有可以向城墙上守军投掷矢石的射击孔。这些攻城塔被安装在数个宽阔结实的轮子上，需要数百人来移动它们。据狄奥多拉斯的记载，德米特里厄斯在围攻罗德岛时曾让雅典人伊皮马格斯建造了一个 150 英尺高、75 英尺见方的攻城塔，其底部装有八个轮圈达到六英尺宽的轮子，同时轮子和攻城塔主体都拥有铁甲保护。为推动这个攻城塔，多达 3400 人轮班工作。所有这些攻城塔的前进速度无疑都会非常缓慢，而且可能在轮子内侧安装了手柄，以供人员在内侧推动。普鲁塔克说需要一个月时间才能让一座大攻城塔前进 250 步，而狄奥多拉斯却说这些攻城塔可以在更短的时间内移动 1000 步。攻城塔中也设有蓄水池，用来扑灭守军可能点起的火焰。一般攻城塔下层会装有攻城锤，抛射武器被安放在中层，而士兵则占据上部的几层。当攻城塔被推动时，其中几层的士兵们便持续不断地向城墙上的守军发射弓箭、标枪和其他矢石，以防他们干扰围攻行动。到足够接近城墙时，攻城塔会将安装在铰链上的吊桥放下到城墙上。而围攻者就从吊桥上发动进攻。很多情况下，攻城塔也会被建造在固定的底座上，而且也经常采用砖块砌成。

攻城锤最初只是由士兵徒手使用的铁棍或者铁头木梁。普林尼认为特洛伊木马其实就是一个攻城锤。修昔底德清楚地记载了攻城锤曾出现在伯罗奔尼撒战争的萨默斯围攻战中。在那之后出现了将攻城锤吊装在框架上的形式，

操纵方式也变成用绳索拉动，这就使其冲击力倍增。后来这些攻城锤也被装上了轮子，并沿着铺好的轨道行动。最后所述的这种攻城锤长度平均在 50 英尺左右。德米特里据说建造过两个长达 120 英尺的攻城锤。攻城锤两端经常会被加上配重，以使它们的冲击力更大。这种攻城锤需要大量人力来操

■ 波斯人在公元前五世纪一次围攻战中使用土丘攻破对方城墙的场景。

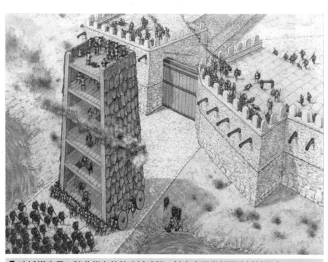

■ 攻城塔也是一种非常有效的攻城武器，其高度通常都要比城墙更高。

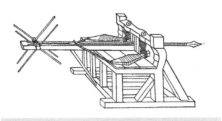

■ 巨弩。

纵，其重量也往往能达到数百吨之巨。狄奥多拉斯曾提及，运输一个巨型攻城锤曾动用过100对驮马，而包括换班人员在内，总共使用了1500人来操纵这个攻城锤。

围攻者会通过挖掘地道来破坏城墙，被围者则会用挖掘地道来破坏围攻者的土丘和攻城塔。由于当时并没有炸药，双方必须在目标下方挖掘足够大的空间才能破坏掉整个建筑。在挖掘时，空间的顶部会用木梁加以支撑，完工后空间内会被填进引火物并点起火焰。火灾烧毁木梁后，土地、城墙或者地基都会跟着受损，最终导致上面的建筑倒塌。

地道和反地道（即一方通过挖掘地道的方式来破坏对方地道）的使用非常广泛。地下交战时有发生通过聆听金属工具在附近地下发出声响来判断地道位置的办法也有所实践，攻守双方都曾表现出巨大的创造力和科学技巧。

希腊人会使用移动雉堞来保护那些在城墙下守卫工事或进攻城墙破口的士兵，它们既有手持的，也有安装在轮子上推动的。另外，希腊人也会使用移动护廊或上述的木棚。

按照罗马史学家普林尼的说法，巨弩是由叙利亚人发明的。它们相当于安装在平台上的巨型弓弩。其推力来自于绑在弓背上，拧成股的绳子或者动物筋腱。弓弦则与绞盘相连，发射时则利用一块弹簧释放。这些巨弩可以发射重量在10至300磅之间的巨型铁头箭矢或者整根长矛，具有相当的穿透力。弹射器似乎可以被称作"古代加农炮"。它们的射程可以达到将近半英里，并在500步距离之内保持不错的精确度。有些弹射器还被设计用来发射大量的沉重霰弹，而非箭矢。

抛石机源自于腓尼基人，可投掷50磅或者更重的石块，相当于古代的臼炮（注：即曲射火力）。可将弹丸投掷大约半英里远。抛石机拥有一根粗重的木制梁臂，其末端为勺形或碗

■ 公元前三世纪，马其顿腓力五世使用巨弩在木墙掩护下射击对方城市。

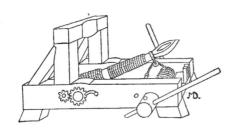

■ 希腊时代的抛石机。

状，另一端则被固定由绳股或动物筋脏连结在木制骨架上。在发射时，通过绞盘拧紧绳股将梁臂拉至接近水平位置，将弹丸放在梁臂末端的勺形或碗形结构中。绳股被忽然释放之后，梁臂将带着巨大动能向前转动。在被骨架顶部的木梁或绳索阻挡住之后，弹丸便会飞出，并具有相当的精确度。抛石机也可以发射被烧得炽热的弹丸或者火球，有时还会将染病的尸体扔进城市中以散播疾病。这些武器具有相当的效率，在某些方面甚至能与我们现代的炮兵相提并论。在亚历山大手下，马其顿的战争机械经常能像现代炮兵一样发挥巨大作用。在搬运这些武器时，马其顿人只会带走它们的关键部件，沉重的木料则可以在任何有树的地方就地取材。在经由亚历山大的工程师们改进之后，一架抛石机或弹射器的关键部件仅需一匹驮马或者骡子便可运载。

腓力和后来的亚历山大对当时的炮兵也做出了巨大改进。亚历山大是第一位用合理方式建造这些攻城机械，并将其安装在四轮车上，以使他们能像今天的野战炮兵一样随部队行军的统帅。在那之前，这些战争机械只会被用在围攻战之中。因为随时可以使用这些武器，亚历山大经常使用它们来攻击隘路、防御工事、掩护渡河或应付各种突发情况。腓力和亚历山大还将这些武器组成炮兵连，仅腓力在时代其手中便拥有 150 个炮兵连，同时还有 125 个炮兵连留作备用。

亚历山大手下的工程师迪阿迭斯发明了一种安装在高大垂直支架上的巨钩，它可以钩住并拉倒对方城墙上的石块。此人还发明了一种"起吊器"，由一根竖直的桅杆、一根安装在桅杆上的横桅以及挂在横桅末端可以容纳士兵的篮筐或箱子组成。篮筐的升降由固定在横桅另一端的绳索操纵。这种装置可以将一小队士兵直接起吊到对方城墙的高度，借此爬上城墙攻击守军。

作为防御一方，被围者则会采取各种手段来阻止对方士兵进入城内。他们使用

■ 迪阿迭斯发明的"巨爪"和"起吊器"。

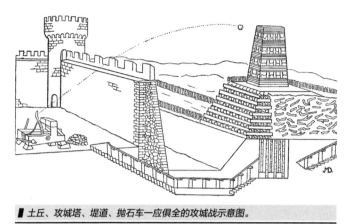

■ 土丘、攻城塔、堤道、抛石车一应俱全的攻城战示意图。

同样出色。即使他们的炮兵威力不及我们的炮兵，他们的攻城机械也仍要算是非常有效。

只要有可能，希腊人总会尝试用诡计来攻克设防城市。若将领选择强攻，轻装部队便将利用矢石将守军驱离城墙，而一部分精选的重步兵则会利用攻城梯或让他人举高互相连结的盾牌来攀爬城墙，或是尝试从城门攻入城内。围攻者会修建一条面对着城市的城墙来构成围攻线封锁对方，有时还会在外侧合适的距离上再修建一道城墙，以阻挡对方援军。在正常的围攻战中，进攻方会首先在城外以合适的间隔修建一系列营地，并修建工事将营地连接起来。在那之后，围攻者会使用巨弩和抛石机将守军驱离城墙。此后，他们还会建造通向城墙的掩蔽通道，同时建造巨型的土丘压制城墙，并填充城外的壕沟。一旦攻方能够在有掩护的情况下接近城墙，他们便会用挖掘地道或攻城锤的方式来打破城墙。只要能够在城墙上打开缺口，进攻方便会从缺口处向城市内发动进攻。

长柄的叉子推倒攻城梯；他们拥有可以迅速烧热油、沙或者沥青并将它们泼洒到攻城者身上的容器；他们甚至会将一切能发出异味的材料全都扔到对方的攻城机械上。他们破坏土丘的速度和围攻者建造土丘的速度一样快。在敌军选作攻击点尝试打破城墙的区域背后，防御者又会建造第二道城墙、掩体或者半圆形城墙，当攻击者真的打破外墙之后立刻便会面对一道新墙。他们也会在城墙上建起箭塔，以压制围攻者建造的攻城塔。守城者会不间断地用巨弩射出火矢，用抛石机投掷火球，以求点燃进攻者的工事。在预计会遭到攻城锤攻击的部分，城墙也会被加上护垫。这些护垫可以用床垫、绳子或者任何软质材料制造。城墙上的士兵会使用吊钩钩住并拆毁攻城锤，也会投掷重物来砸坏攻城锤或吊装攻城锤的绳索。

守军会不断地出城突击，尝试烧毁攻城武器，扰乱围攻者的行动。很明显，古代人在围攻战中对资源利用的想象力与现代人

围攻战极为消耗人力。而由于失陷往往意味着所有居民都被屠杀或卖为奴隶，守军也总是会做困兽犹斗。围攻战双方很少能够达成有条件的投降协议，即使达成协议，进攻者也经常在入城后便将其撕毁。这样一来，围攻战就演变得愈发旷日持久，其所消耗的人力物力也显得大而无当。

■ 与波斯人交战中的斯巴达方阵步兵。在希腊方阵之中，他们更多依靠的是自己的盾牌来推挤对手，而非使用长矛从远距离进行刺杀。

马其顿的陆军

亚历山大大帝从其父马其顿的腓力那里所获得的遗产，与腓特烈大帝从他的父亲腓特烈·威廉那里所获得的遗产一样——一支组织、武器、装备、纪律远强于当时任何其他武装力量的军队。

腓力是第一位将当时仅在战时强制成年男子应征的义务民兵军队转变成常备军的

人。在他的统治之下，马其顿拥有一支人数四万的常备陆军。这也是历史上第一个由国王担任统帅，在军队中将自由民置于专制指挥之下的制度。正是这种制度，使马其顿压倒了希腊，因为后者的人民已经不再愿意服役，而大多只能依赖于雇佣兵、志愿兵或顶替服役的次等公民。即使是民兵兵役本身，

■ 训练中的马其顿方阵步兵，从中可以看出其队形是何等密集。

若没有能与常备军相提并论的纪律和操典，也不过是一支义军，而不能算是正规军。早期的希腊人曾经拥有过与常备军非常接近的纪律水准，但之后凝聚力却逐渐从希腊的方阵中流逝。毫无疑问，希腊人依赖志愿兵役的习惯来自于他们对于自由发自内心的追求。但作为一架战争机器，马其顿人的常备军制度要远远领先于任何其他的希腊国家。

当腓力取代佩狄卡斯三世被拥立为王时，马其顿的步兵装备仍十分原始且参差不齐。步兵大多是穿着兽皮的牧羊人，使用着藤条编织的盾牌和各种拙劣的武器。与其称其为一支军队，倒不如说是一群土匪。骑兵的情况要好很多，他们事实上也是整个希腊最好的骑兵，而其余希腊城邦仍忽视着骑兵的作用。他们被训练以密集队形冲锋，使用一根较短的突刺长矛作为武器。但即使是这些骑兵，也很难称得上精兵。

腓力认清了自己的骑兵并不够好，而且他也必须建立一支能够对抗底比斯、雅典和斯巴达方阵的步兵。由于腓力曾在底比斯接受教育，熟知伊巴密浓达通过高超战术击败不可一世的斯巴达方阵的战史，因此他决定必须建立一支能够击败底比斯的步兵。希腊重步兵此前一直装备着一块大型圆盾、一柄短剑和一支单手使用的长矛，后者长度可能在 6 英尺至 8 英尺之间，很少能达到 10 英尺。在短兵相接中，重步兵使用盾牌挤推对手，保护自己，并视情况使用长矛或短剑攻击对手。腓力则发明了双手使用的萨里沙长矛，其伸出前排的长度足以让使用较短武器的希腊重步兵根本无法企及己方，腓力借此压倒了希腊方阵。在喀罗尼亚会战中，底比斯前排的重步兵几乎全被萨里沙长矛刺杀。凭借被萨里沙长矛武装起来的方阵，腓力使希腊跪倒在自己脚下，其子亚历山大则从他军事生涯的开端便始终因腓力的军事天才受益匪浅。

在征召士兵时，腓力首先会征召马其顿人作为军队基干；其次征召附庸部族士兵，包括色萨利人、色雷斯人、配奥尼亚人、特里巴利人、欧德利西亚人、伊利里亚人以及其他部族；再次则从同盟国，如希腊招募同盟士兵；最后，腓力也会从希腊或其他地区征召雇佣兵。在此之中，色萨利严格来讲是马其顿的同盟国，而且他们的指挥官也和希腊同盟军一样是马其顿人。

因为直到修昔底德和色诺芬之前，都没有任何关于希腊方阵阵型的准确描述，因此我们无法了解任何关于两人生活时代之前的方阵细节。色诺芬时代的方阵与亚历山大的方阵存在着非常明显的差别。事实上，无论在任何时代，方阵的阵型、武器和操典都并不完全相同。不过通过对于马其顿方阵的详细介绍，我们也足以看到其他城邦方阵的大体情况。

马其顿军事体系的建立归功于腓力，而亚历山大也并没有对他所继承的军队进行实质性改变。只有在军队中编入了新的东方部队时，他才扩大了组织规模和架构来容纳它们，使军队的实力倍增。亚历山大明智地认清自己无法超越自己父亲卓越的组织能力。但他同时却将这支军队的能力发挥到他父亲做梦也无法企及的程度。

在人数上，马其顿方阵要比希腊方阵大得多。其冲击力可以用非常简单的办法估算

持盾兵，其装备与希腊重步兵相似，是马其顿军队中最精锐，地位最高的步兵。

一下。按照 1887 年的法国步兵操典，包括预备队在内，平均每一米宽的正面拥有大约 7 名士兵。而在马其顿方阵中，算上轻型部队，每一米正面拥有 28 名士兵，而且从前到后距离十分紧密。如此密集的纵深，使其在队列整齐情况下的冲击根本无法阻挡。

方阵最基本单位为 16 名重步兵前后排列的"行"（lochos），站在最前的一人为行长（lochagos，相当于士官）。第二位是一名领双饷的士兵，第三位的军饷也会因勇猛过人而比普通士兵更高一些。站在最后一位的也是一位副军士（uraogs）。各行之间的序列是以从右向左排序。

马其顿重步兵分为持盾兵（Hypaspists）和步行伙伴（Pezetaeri）两种。前者位于方阵中右翼的荣誉位置，但通常都会被单独使用在全军的其他部分；后者作为普通的重步兵，居于方阵的左翼。持盾兵完全由志愿服役者组成，在两种重步兵中地位较高，其中最英勇的成员则被组成近卫步兵，由一位显赫的军官指挥。剩下的持盾兵常被称为"其余的持盾兵"，他们被组成规模为 500 人的团（后期增加至 1000 人），每团拥有一位团长（chiliarch）。持盾兵接受近距离格斗和快速行进的训练，尽管他们也穿着全套盔甲，但相比步行伙伴还是要轻一些。持盾兵装备单手使用的绪斯同长矛、短剑以及一块大盾。持盾兵有时也会被称为"银盾步兵"（Argyraspid），但这一名称也会被用来指代另一个兵种——轻盾兵（Peltasts）。

如《荷马史诗》所言，在早期的希腊军队中，贵族可能会作为"国王的伙伴"（Hetairai，在马其顿军队中意为伙伴骑兵）在军队服役，这些人可能是他们国土最早征服者的直接后裔。但相比这种世袭的说法，这些人更可能是财富达到标准，按照古代习俗可以在国王身边服役的阶层。在腓力的军队中，伙伴骑兵可能包括大量其家族原先统治山区，但后来臣服于马其顿的人。步行伙伴最初则是国王的近卫步兵，但后来其规模逐渐扩大，并最终在腓力手下成了普通重步兵。与此相仿，直到今日仍有不少国家会将普通步兵团也冠以"近卫"头衔。按照一些专家的说法，步行伙伴在平时会佩戴传家的宽边圆帽（Kausia），但也有说法称宽边圆帽应是国王用来与他人区别的头饰。无论如何，在会战中步行伙伴都会佩戴头盔、胸甲（或护胸）、胫甲（或护腿）。他们所穿的鞋子很少被提及，不出意外应是普通的草鞋或者靴子。步行伙伴使用萨里沙长矛，按照波里比阿斯的说法，其长度达到了 14 腕尺，即 21 英尺。而训练用的长矛还要再长两腕尺，达到 24 英尺长。他们的盾牌被挂在左肩上，以避免盾牌将左臂完全占用，其尺寸则以能够完全覆盖一名下蹲的士兵为限。另外，他们还佩有一柄可供劈砍、刺杀的短剑。盾牌正面大多会有所装饰，通常会被绘上鸟类、野兽或者出生城镇的标志。士兵们会握持萨里沙长矛距离末端 6 英尺的部位以保持平衡，因此向前伸出的长度为 14 英尺。方阵最前的五排士兵平握长矛，其余士兵则竖直握持或将长矛靠在前一名士兵的肩膀上。只有体力最好的士兵，辅以长期的体能锻炼和大量的军事操练，才能成为可以依照命令施展动作的方阵步兵。一些著名的军事评论家始终质疑波里比阿斯对于萨里沙

■ "步行伙伴"，即马其顿的普通方阵步兵。

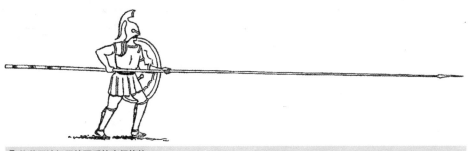

■ 将萨里沙长矛放平后的步行伙伴。

长矛的描述，认为其单位"腕尺"事实上应该是"英尺"，但在没有充足理由的情况下，我们无法质疑这些绝对的数据，尤其是考虑到其他国家使用的长矛长度以及使用萨里沙长矛的方阵所达成的效果。

四个上述的行，组成一个拥有 64 人的"四行队"（tetrarchia，相当于今日的排），并由站在最右侧一行前方的四行队长（tetrarch，相当于今日的排长）指挥。两个四行队组成一连（taxiarchia，有时也被写作"支队"taxis），拥有 128 名士兵，由一位连长（taxiarch）指挥。最好的士兵位于全连的前后两端，不像他们那样可靠的士兵则位于全连的中间。由行长组成的第一线就如同是淬火过的战斧利刃一般锋利。两个连则组成一个营（syntagma 或 xenagia），包括 256 名士兵。这个 16 行、16 排的营，是马其顿基本的战术单位。其营长（xenagos 或 syntagmatarch）拥有一位站着全营后方的副营长（uragos，与先前的副军士名称相同）、一位副官、一位通过举高或放低营徽来传达命令的旗手、一位负责其他日常事务的传令官以及一位号手。这些军官军官为全营提供了充足的指挥官和督战官，每人都拥有自己明确的职责。

一个团 [chiliarchia，有时也被称作"支队"(taxis)]由四个营组成，由团长(chiliarch 或 strategos) 指挥 1024 名士兵，人数与我们现在的团级编制相当。至于"支队"一词则经常会被滥用，很多历史学者会用这个词来称呼任何规模的分遣队，因此在不同场合下会指代不同的编制。

16 个营，也就是四个团可以组成一个拥有 4096 名重步兵的初级方阵，并拥有常备的附属骑兵和轻装部队。与我们现代的旅概念相当，其指挥官被称为"方阵司令"（phalangiarch），相当于旅长。另外，两个旅相加则成为一个双倍方阵（师），拥有 8192 名重步兵，四个旅则组成一个大方阵或四倍方阵（军），拥有 16384 名重步兵，双倍方阵的指挥官被称为"双倍方阵司令"（diphalangiarch），大方阵指挥官则被称为"四倍方阵司令"（tetraphalangiarch）。但这两个编制和名称都很少出现，"团长"一词却会被用在各种官阶的人身上。

马其顿军队中拥有大量奴隶伴随方阵行军，为士兵驮运给养甚至武器。重步兵和重骑兵的给养和装备重量通常在 60 磅以上。

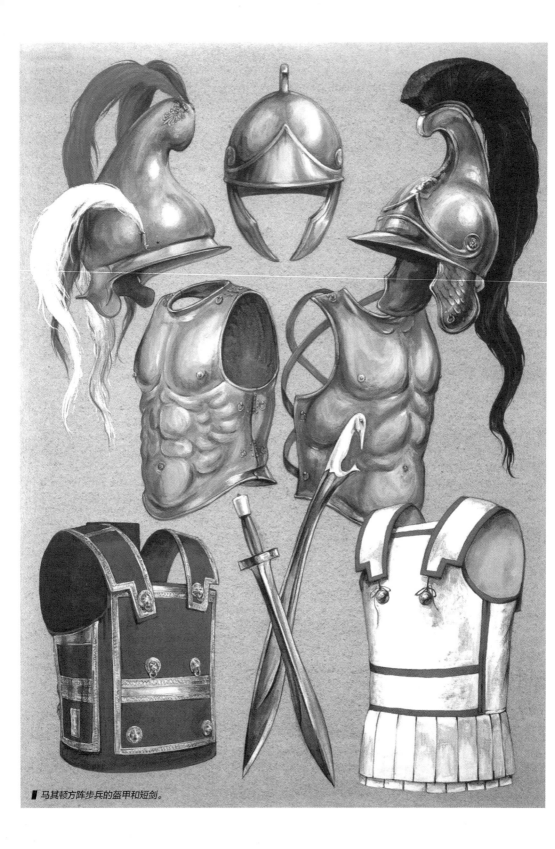

馬其頓方陣步兵的盔甲和短劍。

有时由于一些情况或在指挥官直接命令之下，奴隶数量会被大幅削减，此时重步兵们便要自己背负武器和给养。

在使用萨里沙长矛的方阵步兵背后，按照规定应拥有数量相当于方阵步兵一半的轻盾兵，其正面宽度与方阵相同，纵深则减半至八排。其编制结构与方阵步兵非常相似。轻盾兵由雅典的伊菲克拉特斯首创，属于轻步兵，但装备介于重步兵和散兵（Psilos）之间，使用一块小圆盾、短矛和短剑，以一条宽阔的金属腰带保护腹部。虽然各时代的轻步兵在装备和纪律上都有并不完全相同，但总体上也相差不多。阿吉里亚人作为亚历山大手下最优秀的部队之一，装备与轻盾兵相近，只不过经常被划作非正规轻步兵。

一部分持盾兵是国王的近卫步兵，他们是整个步兵部队最精锐的力量。通常情况下，持盾兵所能负担的任务类型要比步行伙伴更多，其行动也要更为快速敏捷，同时又要比轻盾兵和轻步兵更具稳定性，非常适于进攻或驻守高地、强渡河流、支援骑兵、重要夜间值更以及夜间攻击等任务。他们可以按照命令执行轻重步兵的任何任务。在亚历山大的军队中，持盾兵由帕尔梅尼奥的儿子尼卡诺尔指挥。

在初级方阵的前方，还部署有 1024 名轻步兵，包括投石手、弓箭手和标枪手，他们是方阵前方的散兵。重骑兵（Cataphracti），通常使用长剑或者长枪，但有时也会装备标枪、战斧，并配有小圆盾、头盔、胫甲和带马刺的靴子。按照操典规范，重骑兵应位于方阵两侧，但亚历山大会依照实际环境调整他们的位置。此外，骑兵和

■ 介于重步兵和轻步兵之间的轻盾兵，他们拥有盾牌和头盔，但没有胸甲和胫甲，既可投射标枪，也能够近距离作战。

■ 希腊重骑兵。

轻步兵的数量也并不固定。

按照阅兵/疏开队形，每个方阵步兵会占据一块六英尺见方的空间，并竖直握持萨里沙长矛。在密集战斗队形中（这也是通常

在战场上使用的队形），每名方阵步兵占据的空间将缩小到三英尺见方，左脚在前以确保身体左侧的空间能够被盾牌覆盖。方阵前五排水平握持萨里沙长矛，其余 11 排则竖直握持长矛或将其倚靠在前一排士兵的肩上，并借此阻拦大量矢石。第一排的萨里沙长矛伸出方阵前端 14 英尺，第二排伸出 12 英尺，第三排伸出 9 英尺，第四排伸出 6 英尺，第五排伸出 3 英尺。如果使用训练用的长矛，则前六排的长矛都能伸出前排士兵身前。所有水平握持的长矛前端都会略微向下倾斜。在采取防御队形，或进攻设防阵地时，方阵会结成乌龟阵（tortoise）或结盾阵（synaspism）。此时行列中的士兵互相紧贴，每人只占据 1.5 英尺见方的空间，第一排士兵用盾牌护住身体正面，其余士兵则将盾牌举过头顶，并连结在一起。盾牌连结起来之后，其坚固程度甚至足以供弓箭手或投石手从上面走过，或是像亚历山大在对付多瑙河蛮族那样让辎重车从上方碾过而伤害不到士兵。在抵御攻击时，重步兵右膝跪

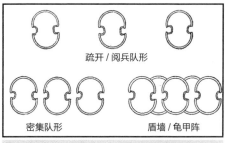

疏开 / 阅兵队形

密集队形

盾墙 / 龟甲阵

■ 不同队形下，方阵步兵不同的正面密度变化。

地，将盾牌靠在左膝上，其下端着地。这种姿势是由雅典将军卡巴里亚斯发明的。

伊巴密浓达可能是第一个完善了重步兵训练操典的将军，而伊菲克拉特斯是第一个完善了轻盾兵的将军。腓力和亚历山大又更进一步。在他们的操练之下，马其顿的方阵步兵受训可以组成或大或小的环形阵（其作用与近代士兵组成的四方阵相同）；或是两翼突前的内凹的方阵以保卫敌军；或是两翼后退组成外凸的阵型来同时应对正面和两侧的攻击；或是组成第一排只有三人，其后人数逐渐增加，第 17 排至第 24 排固定为 36 人的楔形阵；或是组成钳形阵来阻止楔形阵的进攻（钳形阵事实上就是反过来的楔形，整个阵型中央留出一个与楔形阵完全相同的空挡）。事实上，只要是一个纵队的纵深超过了宽度，在当时都会可能会被称为"楔形阵"。

腓力和亚历山大的方阵能够做到向左右两侧旋转 90 度或 45 度，甚至完全转向背后。反

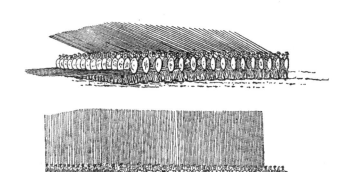

■ 一个马其顿方阵步兵营的外观示意图。

■ 操练中的马其顿方阵步兵。

向前进在横排前进或是纵排行军时都可以做到。如果想要将正面的横排人数加倍，则由每个纵行的双数排士兵向前一步站到前排士兵的左侧。方阵步兵们也可以在前进过程中为前排的两侧提供掩护，此时每行后半的士兵将不再跟随前排士兵，而是分成小队填充在左右两侧的空档之中。这些步兵还会接受使用武器的训练，以及用不同的速度向左、右两翼甚至背后前进。除此以外，马其顿人在训练中还会训练很多其他的阵型或者机动。不过这些阵型和机动事实上只是用来训练士兵适应不同战场情况的。实战中方阵步兵通常只采用最基础的一营 16 人宽 16 人纵深阵型，至多在纵深和宽度上进行取舍变更。如马拉松会战时将纵深削减为四排，又或者如马格尼西亚会战一样加倍至 32 排。

在通常的战斗队形下，一行的深度为 48 英尺。在每人占据 3 英尺见方空间的情况下，一个四行队正面宽 24 英尺，一营则宽 48 至 50 英尺。在不计每个营之间空当的情况下（关于这一点的史料记录往往互相矛盾，无法准确估计），每个方阵步兵团的宽度即为 200 英尺。这样一来，在将轻步兵和轻盾兵分别布置在方阵前后的情况下，一个初级方阵将占据 800 英尺宽的正面，而一个大方阵则占据 3200 英尺的正面，也就是 0.6 英里左右。

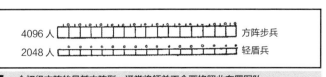

■ 一个初级方阵的最基本阵型，通常将领并不会严格照此布置军队。

亚历山大在军队中编入的骑兵，要比在他之前的任何人都多，而且他对于骑兵的运用也是所有人中最好的。其在骑兵战术方面的成就至今无人能够超越。在伊巴密浓达手下，骑兵数量约占全军的十分之一，在亚历山大手下则达到了六分之一甚至四分之一。

他认清了为对付波斯军队中数量庞大的出色骑兵，自己也必须有用足够的骑兵部队。因为骑兵是亚洲人的主力部队，而且亚洲骑兵也都十分出色。

按照惯例，马其顿军队中的重骑兵由马其顿人和色萨利人组成，而轻骑兵则由色雷

▌马其顿的伙伴骑兵。

斯人和艾托里亚人组
成。骑兵基本单位为
64 人的中队（ile），
在战场上采用正面
16 人、纵深四排的
阵型，其地位相当于
一个方阵步兵营。四

■ 一个拥有225名骑兵的伙伴骑兵中队。

个中队组成一个骑兵团（hipparchy），由
一位官阶与方阵步兵团长相当的骑兵团长
（hipparck）指挥。两个骑兵团构成一个骑
兵旅（ephipparchy），与初级方阵地位相当。
两个旅构成"一翼"，相当于双倍方阵。当
64 个中队或两翼被集中在一起时，他们便
组成 4096 人的骑兵军（epitagma），相当
于大方阵。但很少有军队能够拥有数量如此
庞大的骑兵，即使拥有也不会集中在一起使
用。上述即为规定的编制，但也存在一些例
外。例如伙伴骑兵中队的人数便达到了 150
人以上，而他们的指挥官军阶也与普通军官
不同。另外亚历山大在东方队骑兵进行改组
后，其编制也发生了变化。不过亚历山大对
其进行的改编也并没有触及其已经被证明极
有效率的基础编制。

亚历山大对骑兵的大幅改良使他们远比
先前的任何骑兵都要优越。这些骑兵以横排
四骑的纵队行军，做小规模冲锋时则组成宽
度、纵深均为八骑的正方阵形。他们也能组
成楔形或三角形的队形，视情况以正三角方
向或倒三角方向发动进攻。有时他们还会以
菱形队形发动冲锋，以便能够随时转向任何
一个侧面。在面对数量更多的敌人时，马其
顿骑兵经常被记载为"一个中队接一个中队"
地发动冲锋，而我们却无法准确获悉这一说

法的具体战术意义。可能其代表着某种斜形
序列。通常来说，骑兵会被部署在方阵的两
翼，以保护其脆弱的侧翼。

马其顿的骑兵被分为三个等级。第一等
为马其顿重骑兵，他们每人均拥有一个同样
骑马的仆人或者侍从。最初马其顿重骑兵会
拥有两到三名奴隶随行，直到腓力和后来的
亚历山大认为有必要将侍从人数减少到一个
才有所改变。这些马其顿重骑兵都是志愿服
役，是整个民族的精英。

腓力将这些年轻贵族集中在一起，给
予他们最好的军事训练和最有见识的政治
教育。正因为此，他们不仅能够担任军事指
挥官，也同样能够在内政和外交方面担任要
职。马其顿重骑兵在战场上佩戴头盔，穿着
全套铠甲，并且还配有盾牌。使用突刺长矛
和短剑作为武器，其坐骑同样配有包括护额
和护胸的全套装备。他们便是著名的伙伴骑
兵（Hetairai）。在他们中间，第一个中队
还担任近卫骑兵的职责。在国王的注视之下，
伙伴骑兵们会不停地争夺容誉和声望。
伙伴骑兵是国王最得力的部队，没有任何亚
洲骑兵可以抵挡他们的冲锋，也没有任何步
兵能够抵挡他们的进攻。他们也是亚历山大
所有会战的决定性力量。对大流士的追击则
是他们行军能力的绝佳例证——当时他们在

■ 希腊轻骑兵。

■ 马其顿的萨里沙枪骑兵。

伴骑兵跟随亚历山大进入亚洲，分别由克雷塔斯、格劳西亚斯、阿里斯顿、索坡利斯、德米特里亚斯、梅利埃格以及赫格罗卡斯指挥，每个中队均拥有200名或更多的骑兵，其中克雷塔斯的中队为近卫骑兵，通常由亚历山大亲自率领。

马其顿全部的伙伴骑兵总计可能是16个中队，分别从国土的16个地区征召，人数在150人至250人不等。与底比斯圣团步兵相同，这支部队的价值在于其出众的战斗素养，其有限的人数在所有部队中则只占一小部分。

按照惯例，所有军官和行政官员都是从伙伴骑兵或近卫骑兵中选出或晋升而来的。伙伴骑兵也担任有军事法庭的职责，负责审判一些军事案件，而战争议会也由他们构成。这些职责是否仅局限于近卫骑兵则并不明确。但无论如何，伙伴骑兵在军队和政府都极具影响力，同时也是宫廷帮派的核心人物。

色萨利人同样也是重骑兵，其效率仅次于马其顿重骑兵。他们中的一些中队还包含了色萨利贵族。哈帕拉斯之子卡拉斯（Calas）负责指挥所有色萨利骑兵。由米尼劳斯（Menelaus）之子腓力率领的希腊辅助骑兵通常会与色萨利骑兵一同行动，但二者仍是互相独立的部队。

在伙伴骑兵和色萨利重骑兵之下，马其顿陆军中还拥有使用刀剑和标枪的轻骑兵，其中大部分均为佣兵部队。后来亚历山大还建立了一支专门的萨里沙枪骑兵（Sarissophori）。至于他们与普通枪骑兵的区别，只知道其使用的长枪要比普通枪骑兵更长。最后一等的骑兵则是希腊语中所谓

11天之内行军了3000斯塔德（366英里），而这还是在顶着烈日，并且途中还要穿过一片沙漠的情况下。伙伴骑兵的团长由帕尔梅尼奥的儿子菲罗塔斯指挥，他也是持盾兵指挥官尼卡诺尔的兄弟。总计有八个中队的伙

的"两用战士"（Dimachias），也就是既可以步行作战又可骑马作战的轻龙骑兵。他们拥有轻型的铠甲和盾牌，使用刀剑和既可用于刺杀又可投掷的骑枪。他们在会战中首先与对方接战，在战后则被用于追击溃败的敌军。这些轻龙骑兵可以算作骑马的轻盾兵，介于重骑兵和非正规骑兵之间，一些轻龙骑兵还会携带弓箭。

马其顿军队中的轻骑兵专门从同盟国中招募。亚历山大经常将弓箭手、轻盾兵之类的标枪手、甚至有时还将持盾兵与骑兵混编。这些步兵也证明了他们在阻止队伍发生混乱方面的作用，而弓箭手更是在所有的行动中都能跟得上骑兵的速度。

当时的骑兵并没有马镫，马匹也不钉掌。但这些骑兵能够安然度过漫长冬季并能够在山地行军，证明古代人对马蹄的处理方法非常有效，而这些马匹本身更是极为坚韧。这些骑手坐在一块由马肚带系在马背上的毯子上，其中有些毯子很像后来的鞍架。骑兵所受的训练很大程度上使他们能够像拥有马鞍和马镫一样稳坐在马背上。当然，他们不能靠着马镫从马背上站起来砍杀或刺杀敌人，因此行动也受到限制，但敌人的骑兵也同样如此。而训练也使他们强壮而活跃，尽管有着这些限制，这些骑兵仍能安坐在战马上。而到了现在，我们已经无法再找到像帕特农神庙的装饰雕像中那样的高超骑手了。古代骑兵必定是完美的骑手，否则那些雕像便不可能被依样制造出来。

由马其顿人、配奥尼亚人组成的轻骑兵由阿里斯托指挥，而欧德利西亚人在阿伽托带领下也赢得了高效的声誉。马其顿枪骑兵则由林卡斯人阿明塔斯指挥。以上所有这些骑兵都被称为"先锋战士"（Prodromari），即骑兵中的散兵部队。最后，亚历山大还拥有从亚洲征召的大批非常规部队，既有步兵也由骑兵，包括投石兵、弓箭手和标枪手。其运用方式很像后来的俄国哥萨克骑兵。从哈伊莫司山征召而来的阿吉里亚标枪兵由阿塔拉斯指挥，他们是轻装部队中地位最重要的，也是人数最多的。西塔西斯指挥下的色雷斯标枪兵也同样可以在任何环境下有效使用。以上这些轻装部队都是军队的侧卫部队。克里尔库斯是著名的克里特弓箭手首任指挥官，但史料中经常提及他们的指挥官常因阵亡或受伤而更换。这些弓箭手曾三次失去他们的指挥官。

步兵依照装备轻重可以分为四个等级。第一等为步行伙伴，即使用萨里沙长矛的方阵步兵。第二等为使用绪斯同长矛，即单手长矛的持盾兵。第三等则是轻盾兵，他们可以算作组织整齐，装备精良的轻步兵。第四档则是非正规轻步兵，包括弓箭手、投石手和标枪手。在骑兵中，第一等为伙伴骑兵、色萨利骑兵以及一部分希腊重骑兵。第二等为轻骑兵和装备优良的雇佣骑兵。第三等为枪骑兵和龙骑兵。第四等为非正规游牧骑兵，其装备五花八门。

在腓力之前，轻装部队并不受希腊人重视，很少使用，而且也没有太多声誉。他们从贫民中征召而来，装备恶劣，而且纪律也很差，在战斗中既不坚定也不可靠。直到亚历山大终于将他们置于严格的纪律之下并让其执行合适的任务，才终于彰显出轻装部队的价值。

在全军排成战斗序列时，虽然序列会因环境不同而随机而变，但方阵总是位于中央，几个方阵步兵团或者旅总是在他们各自的指挥官带领下从右向左排列。按照惯例，这些旅每次都会根据一定的规矩改变排列顺序。持盾兵会被部署在方阵右侧，其中近卫步兵会占据最右侧的位置。在持盾兵右侧则是八个中队的马其顿骑兵，同样会在每次会战中改变排列顺序，只有近卫骑兵似乎应该始终被部署在最右侧。在他们的右侧，还部署有轻装部队，包括枪骑兵、配奥尼亚人、阿吉里亚人和右翼的弓箭手，这些部队作为侧卫和散兵，保护全军右翼，并负责发动会战。在方阵左侧，如果没有被指派用于保护营地，则色雷斯标枪兵会被部署在这里，与方阵右侧的持盾兵位置相当。在他们的左侧是希腊同盟骑兵，再左侧是色萨利骑兵，之后则是阿伽托率领下的欧德利西亚骑兵等轻装部队。左右两翼的界限则位于第三个和第四个方阵步兵旅之间。马其顿军队在会战中通常会被分为两翼，由国王指挥右翼，而由其副帅指挥左翼。而在会战中出现的脱节，也总是会出现在第三个和第四个方阵步兵旅中间。

因为由精锐部队组成的右翼在亚历山大亲率之下总是处于进攻之中。帕尔梅尼奥率领的左翼往往疲于防御，无法跟上右翼的行动。

上述序列绝非一成不变的。亚历山大特别乐于研究战术和阵型，并依据所面临的情况来调整部队。有时方阵会被分为右翼、左翼和中央三部分。每个部分都被一分为二，留出空隙以便前方的散兵撤退。而除此以外，似乎在行列中还会有其余的空隙。方阵最右侧是荣誉位置，其指挥官会站在这里，他的职责并不仅仅是指挥战斗，同时也要作为作战人员中最勇敢的一个引领战斗。

腓力以及他之后的亚历山大大幅改进了依照希腊范本建立的方阵的组织结构和纪律性。为了使他们能够面对可能面对的一切，马其顿方阵被打造得至臻化境。他们被教导永远不要等待对方攻击，而要主动出击。重步兵和轻盾兵受训以冲力作战，在由各旅形成的小方阵之间保持20至40英尺间隔独立运动，互相支持，以此来形成互相所需的预备队关系。骑兵的进攻更是拥有超群的快速和锐利，他们仰赖于自己的冲锋气势，就如同方阵仰赖于自己的重量一样。即使被击退，他们也总是能一次一次地集结起来再次冲锋。轻步兵和轻骑兵在战线中没有固定位置，但通常会填充在各重装部队之间的空隙中，凭借不知疲倦地行动来保护各个部队，以及方阵暴露的侧翼。

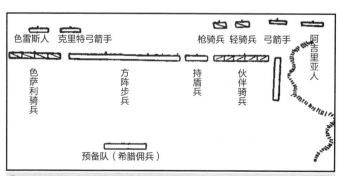

色雷斯人　克里特弓箭手　　　　　枪骑兵　轻骑兵　弓箭手　阿吉里亚人

色萨利骑兵　　　方阵步兵　　　持盾兵　伙伴骑兵

预备队（希腊佣兵）

■ 亚历山大在伊苏斯会战中使用的战斗序列，大体上代表了各部队的配置方式。

国王的命令是军队中的最高法律，但国王也会经常召开战争会议以决定一些重大决策。依照法律或者先例，具体在何种情况下需要召开战争会议则并不确定。但它们的次数很多，而且似乎是依照硬性规定而来。在这些会议中，无论马其顿、希腊、辅助部队、佣兵、色雷斯、阿吉里亚、欧德利西亚、配奥尼亚人，只要军阶足够资格，均可向国王提出建议。不过在这些会议之中，马其顿人的地位和影响力可能要比其余军官更大一些，而七位近侍副官的意见分量最重。不过除了在希发西斯的一次例外，亚历山大向来依照自己的见解行事，而其说服力的影响力也总是能够和下属对他的尊敬、热爱相当。

围攻泰尔

在伊苏斯会战之后，波斯的海军将领们试图拯救那些仍有机会摆脱厄运的土地和军队。为避免开俄斯岛变节，发那巴扎斯带着 12 艘三列桨战舰和 15000 名雇佣军前往那里。但门侬去世以及伊苏斯战败的影响却是灾难性的。不久之后，腓尼基和塞浦路斯的波斯盟友们便显示出分崩离析的信号，这对于波斯帝国的海上力量打击要比前面两件事更为严重。当亚历山大没有像波斯人预期一样前往幼发拉底河，而是开始向腓尼基进发时，沿岸城邦的国王们立刻便感到自己统治受到威胁，这也使他们对于波斯的忠诚再次受到巨大削弱。门侬的巨大影响力已经彻底不复存在了。

波斯舰队在开俄斯岛留下了卫戍部队，之后又向科斯岛和哈利卡纳苏斯派出了几艘战舰，最终驶到了锡夫诺斯岛（Syphnus）。仍在抵抗亚历山大的斯巴达国王阿吉斯试图劝说波斯将军们向伯罗奔尼撒半岛派出船队，以便斯巴达人能够与波斯舰队联手，积极地袭扰马其顿领土。可虽然阿吉斯态度积极，不断地推进着这些宏大计划。波斯人在伊苏斯战败的消息还是阻止了所有这些行动。发那巴扎斯立刻回到了开俄斯以免当地发生叛乱，这在此时已经并非不可能了。阿吉斯仅从波斯人手中争取到了 30 台仑黄金和 10 艘三列桨战舰，只好借此派他的兄弟阿格西劳斯到克里特和其他爱琴海岛屿去煽动反乱，之后再与奥托夫拉达提斯一起前往哈利卡纳苏斯。

在伊苏斯获胜之后，亚历山大并没有直接向幼发拉底平原前进，从而进入波斯腹地，而是向南进入了腓尼基。因为只要压平这块沿海地区的诸城邦，亚历山大就能消灭远至埃及的所有抵抗。在深入内陆之前确保对整个海岸线的控制，原本便是他总体计划的一部分。不过我们现在已经无法考证，这些计划是在这位国王从马其顿启程之前便已经制定好，还是当他愈发深入亚洲，制海权问题愈发严重才随之诞生的。但有必要怀疑的是，亚历山大在远征开始时可能根本没有足够的地理情报可供他制定这种计划。可无论如何，他的整个战略行动都非常完美而平衡。

与波斯大王统治的其余地中海沿岸地区

■ 在围攻泰尔之前，亚历山大曾攻克小亚细亚的巨型港口城市哈利卡纳苏斯。

不同，腓尼基并没有彻底陷入暴政统治。波斯非常依赖于腓尼基各城邦海员的技艺以及他们的舰队，同时这里也是波斯政府最倚重的通商口岸。这就使它们拥有了与后来德意志自由市相似的地位。虽然它们的地理条件，并不具有完全独立所必需的与世隔绝，但它们位于黎巴嫩山以及大海之间的地形还是足够险要。它们中有不少城市都建立在沿岸岛屿上，还有一部分则建立在无论陆路、海陆都难以接近的位置上。每座城市都控制着一片或大或小的地区。这些城市的大量贸易以及手工业虽然没有像其他城镇一样在东方统治下衰败，但也已经被最大限度地纳入了波斯管辖之下。

腓尼基各城邦的战舰此时均在波斯舰队中服役，这些分队的指挥官大多都是国王本人。但如上所述，伊苏斯会战的结果直接动摇了这些城市的根基，被留在家乡的政府也看到了倒向亚历山大的必要。如果这些城邦能够联合起来，它们本来能给亚历山大造成不小的麻烦。但它们之间的隔阂和嫉妒，再加上亚历山大的聪明引诱，阻止了这种可能。

占领腓尼基对亚历山大而言是取得成功的先决条件。只要大流士仍保持对腓尼基的控制或影响力，即使仅是与这些城邦维持正式的合作关系，他便始终能拥有一支舰队。而一旦这些城邦不再忠于波斯，波斯大王最有力的武器便将转投对手阵营了。

在向腓尼基前进时，亚历山大首先遇到了阿拉达斯（Aradus）的国王格罗斯特拉塔斯（Gerostratus）之子斯特拉唐（Strato）。虽然国王本人正在奥托夫拉达提斯的舰队中服役，但斯特拉唐还是主动向亚历山大献出了自己最大、最繁荣的首都马拉苏斯（Marathus）及其附近的阿拉达斯岛、塞贡岛（Sigon）、马瑞尼亚岛（Mariamme）以及所有受他和父亲统治的领土。这要算是亚历山大在腓尼基获得的第一个，也是重要的成功。为表示臣服，斯特拉唐向亚历山大献上了重礼，还按照当地习俗将一顶黄金王冠戴在了亚历山大头上。

亚历山大在马拉苏斯停留了几天时间。在这里，他收到了一封大流士派使节送来的信，大流士希望亚历山大能将他在伊苏斯会战后被俘的母亲、妻子以及孩子交还给他，并提议两国应成为朋友和盟友。大流士在信中将亚历山大的胜利归功于某位神祇的眷顾，并重提波斯与马其顿早年的友好。他本人作为一个国王也恳求另一位国王将家人还给自己。亚历山大对此做出回应。由一位地位相当的使节将回信送给大流士。他在信中列举波斯对希腊造成的伤害、大流士一世挑发的敌意以及波斯宫廷对杀父凶手的教唆。他在信中强调自己拥有征服整个亚洲的权力，要求大流士承认亚历山大是自己的主君，

而非对等的国王，并威胁大流士无论逃到天涯海角，他都将紧追不舍，直到完成毁灭波斯统治的使命为止。作为亚历山大性格的侧面印证，他在信中的一些话非常耐人寻味："尊我为亚洲的主人，前来拜谒，你的请求便能够得到满足。但如果你拒绝尊我为君，那你就应当据守阵地，为你的国土而战。因为不论你逃到哪里，我都将紧追不舍。"

同样在马拉苏斯，亚历山大从大马士革接收了一批希腊人，他们是斯巴达、底比斯、雅典派到大流士宫廷中的使者。考虑到这些人的地位，亚历山大给予他们额外的宽大处

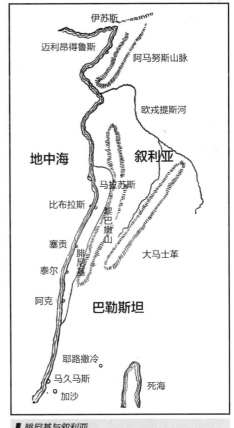

■ 腓尼基与叙利亚。

伊苏斯会战后，亚历山大曾俘获了大流士的妻子。这幅绘于文艺复兴时期的油画在细节上可以说是完全错误，并不能作为当时情况的参考。

理。他释放了底比斯人，但仍暂时将斯巴达人握在了手中。雅典的伊菲克拉提斯之子（其父便是那位轻盾兵的创始人）也在这些人中间，他被亚历山大安排在了自己身边的一个荣誉职位。

接下来，亚历山大开始向比布拉斯（Byblus）前进，并接受了后者的有条件投降，而其国王也同样在波斯舰队中指挥着自己的分队。按照阿里安的说法，比布拉斯是世界最古老的城市，掌握着一片相当可观的土地。出于对波斯人过去恶行的憎恨以及对泰尔的嫉妒，西顿（Sidon）也打开了城门。泰尔，整个地中海东岸的明珠，同样派来了由国王阿泽米卡斯（Azemilcus，此时他也在奥托夫拉达提斯麾下服役）之子带领的使团表示臣服，条件却是亚历山大不能进入泰尔。亚历山大回答说他希望向泰尔的赫拉克勒斯神庙献祭。但泰尔人还是对此加以拒绝。因为

在进入以弗所时，亚历山大曾将全军集结在阿耳忒弥斯神庙的门前一同献祭，如果现在亚历山大又要再来一次这样的献祭，那泰尔人就会失去一切自由——因为他们认为马其顿人一旦进来就不会再走了。他们愿意将自己的舰队和忠诚献给亚历山大，但不愿交出他们的性命、自由以及对欢乐的追求。

毫无疑问，泰尔人的本意是保持足够独立，以便在亚历山大和大流士二者其一成为最终胜利者时投入胜者麾下。他们自知自己对这两位国王同样重要，因此不愿在局势未定前将自己交给任何一方。如果大流士最终获胜（在当时看来这也绝非不可能之事），泰尔人将因自己是唯一保持忠诚的腓尼基城市而获利。即使大流士再次失利，泰尔人也仍有能力长期坚守，单独与亚历山大妥协。对泰尔人而言，这种考量是非常自然而且明智的，但他们却并不了解亚历山大。泰尔拒绝了这位马其顿国王的条件，公民们紧闭城门，国王也从海外归来保卫城市。

亚历山大已经拟定了一系列非常清晰的战略计划：首先对埃及进行一次远征，以完成对东地中海所有沿海城市的征服，摧毁波斯的海权；之后再向巴比伦进军，只要能够掌握整个海岸线，后方的马其顿和希腊便能不受斯巴达和她的波斯盟友威胁。但这一切的前提便是占领泰尔，否则他就不能在这个腓尼基最大、甚至是世界最大的海军基地位于自己背后的情况下，安全地向埃及或巴比伦前进。为此亚历山大按照惯例或者法律规定召集伙伴骑兵、方阵步兵的团长、连长、骑兵中队长以及同盟军军官举行战争会议，说明军队面临的情况。军官们同意必须攻克

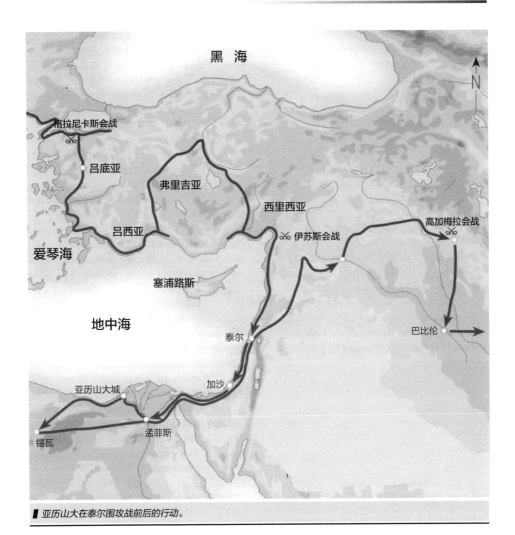

▌ 亚历山大在泰尔围攻战前后的行动。

泰尔,但他们对于如何围攻泰尔,却根本没有头绪,因为这看起来根本就是不可能的。但亚历山大却回答说,无论对任何人而言,只要是必须要做的事情,都绝非无法完成。依靠手中掌握的大量资源,亚历山大决定先将泰尔孤立起来,之后再对其发动进攻。一次冗长的围攻随这一决定而来,如果波斯将军们仍有像门依那样的勇气,这次围攻就将使他们占尽优势。但大流士并没有与亚历山大对抗的才能。时间在战争中往往至关重要,但这一次却并没有成为亚历山大的敌人。

不少批评者质疑亚历山大为何不在伊苏斯会战之后直接追击大流士,占领巴比伦和苏萨,控制波斯帝国的核心地带,阻止大流士组建一支新军。事实上,亚历山大对于自己后方以及马其顿本土的担心要远远大于他对前方任何敌人的担心。虽然波斯舰队正在被迅速地摧毁,但却仍然掌握着爱琴海;

■ 巴比伦国王尼布甲尼撒曾对泰尔进行过长达13年的围攻，但却始终没能获得成功，这也使泰尔人自信可以在更坚固的新城中抵挡住亚历山大。图为巴比伦人攀爬泰尔旧城城墙的场面。

阿吉斯国王的兄弟已经控制了克里特；希腊诸邦虽因最近的胜利而暂时平静了下来，但仍随时可能爆发叛乱。在将从赫勒斯滂到尼罗河的整个海岸线都握在手中之前，向内陆发动任何远征都要冒着失去一切的危险，无异于赌博。伊苏斯会战的胜利，并不是亚历山大的行动目的，而只是他下一步行动的基础。这条海岸线是他庞大计划所必需的最小基地。而亚历山大征服计划的宏大和条理性，正可以从他在泰尔海岸上的耐心等待和行动中得到最好证明。直到攻克泰尔之后，他才终于越过了幼发拉底河。

到达泰尔之后，亚历山大发现位于大陆

上的旧城已经被放弃了，其居民已经撤退到了所谓的"新城"中。后者位于一座长两英里、宽度略窄的岛屿上，与海岸相隔一条半英里宽、18英尺深的海峡，在接近海岸的一侧水浅而泥泞。整个海岛均由高大的城墙环绕。海岛拥有两个港口，一为位于北部的西顿港，一为南部的埃及港，二者均面对大陆。即使远没有新城坚固的老城，也曾经抵挡住了尼布甲尼撒长达13年之久的围攻。泰尔城拥有大量的武器、英勇的人民（据称其守军人数多达三万人，但这很可能是所有能够作战的居民总数）、一切可以用来抵抗围攻的战争机械以及不在少数的战舰，后者正是阿泽米卡斯国王在新城被彻底封锁前从波斯舰队带回来的。同时城内也拥有能够长时间支撑的粮食。亚历山大希望能够获得腓尼基人的支援，泰尔人则相信过去的友邦能够加入己方，而不会去帮助亚历山大毁灭曾经的盟友。

由于亚历山大此时手里没有船只，只能从海岸对泰尔发动进攻，因此他决定从大陆起建造一条堤道穿过海峡。按照计划，这条堤道有 200 英尺宽，在两侧将木桩打入海底，中间则用石头、沙土和木材填充。工程在亚历山大到达城下之后立刻便开始了，劳工则从周围所有地区征集而来。从黎巴嫩山运来的雪松被当作木桩，非常容易打入松软的海床。石头则来自于海岸上的旧城，这座遭到居民放弃的城市现在被拆解用来对付它原来的主人。海岸湿地上的草丛也被做成了结实的绳索。为避免堤道两侧被海浪冲刷损毁，整株整株带着枝叶的大树被扔到海里，减缓因西南大风而产生的汹涌海浪。为了建起这条奇迹般的堤道，亚历山大耗尽了一座城市和一片森林的所有资源。

亚历山大亲自监督着工程的每一个环节，并时常用振奋人心的言语和他的亲自到场来鼓励那些夜以继日工作的马其顿士兵和其他劳工。工程进展非常迅速，但当他们接近城墙附近的深水区，并进入了对方矢石射程范围之后，工程的困难便只能用灾难来形容了。泰尔人将攻城机械架在城墙上，使出浑身解数来毁坏堤道。他们时常乘着战船从不同方向对劳工进行攻击，还派遣潜水好手在水下破坏堤道。泰尔人施展的技巧令人超乎想象，向无礼的马其顿后来者展示了自己自古传承的才能。不久之后，亚历山大便被迫在堤道末端建造了两个攻城塔，以便将泰尔人驱离。他在这两个攻城塔上部署了士兵和攻城机械，还在正面铺上了兽皮以免攻城塔被城墙上射来的火箭引燃。马其顿人还用柳条和兽皮制成可移动的掩体，并竖起栅栏和棚车来掩护劳工不受攻击。在得到了这些掩护之后，工程才重新获得了实质性进展。

██ 现代人绘制的泰尔新城复原画。

在堤道上使用攻城武器向泰尔城射击的马其顿士兵。

泰尔人知道自己必须摧毁这两座攻城塔。他们将一艘拥有宽阔甲板，内部能够容纳大批货物的老旧双桨运马船改建成了火船，在其内部装填了大量沥青、干柴以及其他易燃物。在像天线一样伸出的横桅上，还挂上了装满了硫磺、石脑油和类似物质的火盆。在一个风向朝向内陆的大风天里，泰尔人用两艘三列战船将火船拖到了堤道末端，在留下引火人员由其自行尽力游回城内后，两艘三列战船撤退到安全距离，发射矢石阻止马其顿人灭火。为让火船能够冲上并固定在堤道上，其船尾还专门加了配重来抬高船头。攻城塔、柳条制成的掩体以及马其顿的攻城机械都被火船引燃，横桅大锅中的燃料也被倾泻

亚历山大从海岸向泰尔修建堤道，并在其上建造攻城塔。

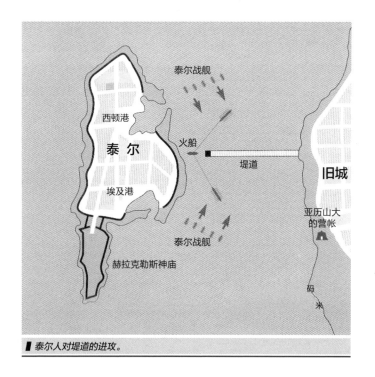

■ 泰尔人对堤道的进攻。

一空，风势更助长了大火。尽管马其顿人英勇地与大火搏斗，但所有工程还是被焚烧殆尽。因为猛烈的西北风和泰尔人从战船、城

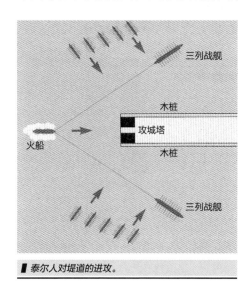

■ 泰尔人对堤道的进攻。

墙上发射的矢石使他们根本无法扑灭迎面而来的火焰。泰尔人还从城池中乘着船只在堤道的上风方向登陆，借着大火推倒掩体，烧毁攻城机械。最终大火不仅烧毁了两座攻城塔，堤道末端也受到了严重的损毁，不久后便在海浪冲刷下垮塌。无数劳工工作数月的成果在短短一个小之内便毁于一旦。

这场灾难并没有让亚历山大气馁，这位国王天性不愿接受任何失败。寇蒂斯和狄奥多拉斯记载亚历山大曾在此时与泰尔协议暂时停战。但无论从任何角度来看，他都不太可能采取这样的行动，而且这与他的个性也完全不符。事实上，他立刻便开始着手建造一条更宽的堤道，以便在上面建造不止两个攻城塔，同时他也开始建造新的攻城机械来取代被烧毁的那些。新的堤道据说要比先前更加正对海浪冲刷的方向。而老的堤道曾因前端遭大量海水冲击而逐渐损毁。亚历山大拥有大量的工程师和优秀的机械师，师出于波利塞德斯（Polycides）的迪阿迭斯和查理亚斯（Chairias）则是这些工程师的领袖。

到次年早春季节。亚历山大终于认清，只要泰尔人仍然掌握着制海权，他便永远无法攻克这座城市。在留下佩狄卡斯和克拉特鲁斯指挥围攻之后，亚历山大自己带领着持盾兵和阿吉里亚部队前往西顿征召三列战舰，这一工作很快便告完成。两位原先在奥托夫拉达提斯舰队中效力的国王，阿拉达斯国王格罗斯特拉塔斯和比布拉斯国王埃尼拉斯，在得知自己的城市已经向亚历山大投降后，立刻便离开波斯海军，将自己的船只交给了亚历山大。二者的舰队与西顿提供的三列战舰相加，总共达到了80艘战

■ 被泰尔人用火船烧毁的攻城塔。

舰。同时罗德岛也派来了城邦的旗舰和其余9艘船。而塞浦路斯人听说亚历山大在伊苏斯会战的胜利后，由国王尼塔戈拉斯（Pnytagoras）亲率120艘战船加入马其顿一方。在所有这些船只之中，不少都是四层甚至五层桨的大型战舰。这对于亚历山大的影响力来说是决定性胜利，这位征服者也非常愿意对这些过去的敌人既往不咎。

在自己的海军做好战斗准备，而攻城机械也在建造之中的同时，亚历山大带领着一个中队的骑兵、持盾兵、阿吉里亚人以及弓箭手对黎巴嫩山附近的山地部落进行了一次为期十天的战役。这些部落控制着欧戎提斯山谷以及通向山谷的道路，已经造成了不少麻烦。这次战役的结果与镇压西里西亚山区时一样彻底，亚历山大攻克了一系列山地要塞，像旋风一样席卷了整个山地。关于这次行动我们无法找到任何细节记录，但从这位不知疲倦的国王的其他类似武功中，可以推断出这一工作进行得非常彻底。而从这块地区的地形复杂程度之中，也能看到在如此短时间内完成这项工作是何等困难。其所花的时间在别人眼中，仅够来回行军之用。普鲁塔克曾根据卡瑞斯的记录，提及这位国王在这次远征中曾多次表现出个人的英勇。英雄般的英勇行为在亚历山大身上不过是惯常之事，我们也不再对此赘述。当他回到西顿时，克林德已经带着4000名希腊佣兵的增援等在那里了，同时舰队的备战工作也进行得十分顺利。

舰队完成准备工作之后，亚历山大在船上安排了足够接舷战的持盾兵，并在第一个顺风天里（虽然当时的战舰几乎完全依靠划

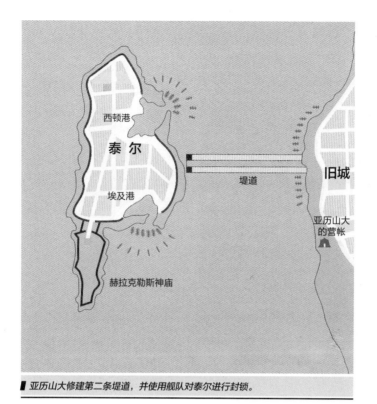

西顿港

泰尔

埃及港

堤道

旧城

亚历山大
的营帐

赫拉克勒斯神庙

■ 亚历山大修建第二条堤道，并使用舰队对泰尔进行封锁。

桨动力，但也并不情愿在顶风中作战）便起航向泰尔前进，试图尽早与对方进行海战。亚历山大本人亲自率领塞浦路斯人和腓尼基人组成的右翼，克拉特鲁斯和尼塔戈拉斯则指挥左翼。在这支壮观的舰队接近泰尔之后，亚历山大暂停了前进，以便重新整理阵线。直到行动缓慢的舰只跟上行列之后，这位国王才重新下令前进。原本决心抵抗，并且已经证明自己技艺的泰尔人，惊讶于亚历山大所集中的舰只数量已经超过己方，原先盟友的抛弃也令他们倍感沮丧，而更令他们大吃一惊的还是亚历山大向他们大胆挑战的绝对信心。因而他们拒绝出港，而只是在西顿港的出口处布置了一排尽可能多的三列战

舰，以此来封锁港口，并为避免船只遭俘而将舰首指向港外。看到这种情况之后，亚历山大也并没有试图突破到港内。不过腓尼基的舰队，还是通过高超的机动，切断并摧毁了三艘冒险驶出港外的三列战舰，后者的水手则游回了海岸。亚历山大将他的舰队停泊在堤道两侧，在那里躲避海风。安德罗马科斯（Andromachus）带领塞浦路斯舰队面对着西顿港停泊，腓尼基舰队则面对着埃及港停泊，亚历山大的指挥所则设在腓尼基舰队一侧。到了此时，泰尔的陷落已经只是时间问题了。

大量抛射机械或从塞浦路斯、腓尼基征集而来，或在当地建造而成。那个时代所有

■ 一幅后人绘制的漫画，表现了满载马其顿士兵的战舰在泰尔城下进行封锁的场面。

的科技和一些全新的发明几乎全都派上了用场。在这些攻城武器中，一部分被布置在堤道上，其余则被安装在平底船、商船或部分航速较慢的三列战舰上。一些战舰上还建造了攻城塔，其上安装有能够搭靠对方城墙的吊桥。这些浮动的攻城武器船面对着城市停泊，开始施展它们的威力。但泰尔人却还是能灵活熟练地与之对抗，其手段则是在面对堤道和攻城战舰的城墙上修建箭塔。这不仅使对方无法将吊桥搭靠在城墙上，而且也让己方的优秀抛射机械能够发扬火力。它们向接近的船只发射带火的箭矢，还用抛石机投掷火球。泰尔的城墙高达 150 英尺，相对也十分宽阔。其结构则由凿成正方体的巨石组成，并由水泥填充在石块之间。这种极具技巧和耐心的建造方法具体情况现在已经不可考了。除城墙上射出的矢石以外，城墙脚

下的海床上也布满了专门防止敌人接近的石块，这就使攻城战舰几乎无法接近城墙。亚历山大现在便开始着手打捞这些石块，这一工作所需的技巧和耐心也绝不容小视。而且不久之后，那些停泊在城墙下进行这项工作的船只就遭到了泰尔人一些附满铁甲的三列战舰干扰——泰尔人在这些战舰上，利用长柄镰刀砍断打捞船的锚链，使它们无法停泊。亚历山大也如法炮制，将一部分战舰装上铁甲，布置在打捞船前方，以免它们再被泰尔人割断锚链。但泰尔人却还是能利用蛙人在水下割断锚链（泰尔是海绵的交易中心，因此蛙人数量很多且技艺高超）。亚历山大则通过改用铁质锚链来使蛙人无计可施。在那之后，这些石块终于在大量的人力劳动下，利用带活扣的绳索和吊车拖出水面，之后再运走并抛到深水区。通过这些工作，攻城武器才终于得以接近并攻击一部分早前即被选作攻击点的城墙。

很自然，泰尔人指望自己最富庶的殖民地迦太基能够提供支援。早在亚历山大的堤道形成实际威胁之时，他们就已经把自己的家人送到了那里。但最终迦太基并没有给泰尔提供任何支援，这无疑使他们对忘本的迦太基人失望至极。必须提及的是，迦太基自己也在与他国交战。但无论如何，就像她在后来汉尼拔时代所做的那样，迦太基始终秉承着非常自私的国策。

泰尔的舰队分为两部分，分别停泊在两个港口之内。而马其顿舰队也就部署在港口出海口，阻止泰尔舰队突围，使他们的舰队无法汇合发动反击。泰尔舰队实力并不足以进行任何有效的行动，但在饱受骚扰之后，

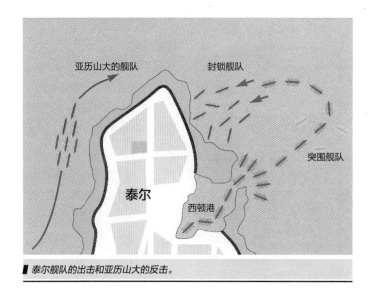

泰尔舰队的出击和亚历山大的反击。

泰尔人还是决定进行一次迅速的出击，准备攻击停泊在堤道北侧的塞浦路斯战舰。

　　泰尔人假装晾晒风帆而把它们挂在海港出口，借此阻挡了亚历山大的视线，并将精悍的划桨手和最勇敢的士兵布置在 13 艘战舰上——3 艘五列战舰、3 艘四列战舰、7 艘三列战舰。到正午左右，当亚历山大的水手们都四散在岸上就食，他本人也正在堤道另一侧面对埃及港的指挥所里休息时，泰尔人驶出了港口。一开始他们尽可能压低航行时的噪声，航行到一半距离之后，他们突然发出巨大的吼声，全速冲向塞浦路斯舰队。突然的进攻使泰尔人在一开始占据了优势，将不少塞浦路斯战舰击沉、击伤或赶到了海岸上。不过亚历山大的哨兵也迅速把这个消息告诉了他（也有记载说亚历山大恰好当天从营帐里出来的时间比往常更早，从而亲眼看到了这一攻击），他立刻集中了堤道南岸所有能够立刻调集起来的战舰，用其中一部

分不满员的舰只去封锁南部港口以免这里的泰尔战舰也趁机突围，他本人则带着全部的五列战舰和 5 艘三列战舰前往堤道北侧的战场。由于此时堤道距离城墙已经非常接近了，亚历山大不得不围着泰尔城绕了整整一圈，才到达西顿港对面泰尔战舰正在大肆进攻的地方。不过，亚历山大现在的位置也使他能够打击泰尔战舰的背后。看到亚历山大的迅速行动（这些划桨手的速度之快，甚至能够等同于早期蒸汽船的平均航速了），泰尔人从城墙上向自己的战舰发出了返航信号。但在被战场噪音覆盖并被罕见胜利冲昏头脑的泰尔战舰听到信号开始撤退之前，亚历山大就已经开始了攻击。泰尔人立刻四散而逃，但亚历山大还是彻底摧毁了数艘战舰、俘获两艘（一艘五列战舰和一艘四列战舰）。通过这样一次行动，亚历山大证明了自己同样是一位出色的海军将领。

　　亚历山大现在已经完成了绝大部分工

■ 在看到亚历山大的行动之后，慌忙向舰队发出警告的泰尔人。

■ 后人用模型制作的攻城战舰进攻泰尔场景。

作。堤道已经建造了足够的长度来攻击城墙；战舰已经获得了安全的泊地；海峡已经被清理干净，可以供攻城战舰接近城墙；泰尔人的舰队也已经被他逐回港内无法突围。剩下所要做的，就只有打破城墙对城市发动进攻。但这正是最困难的工作，泰尔人在绝望之下也变得更加危险。

除这些困难之外，亚历山大还发现堤道面对的城墙太过坚固，他所建造的任何攻城武器都无法给这段城墙造成实质性损伤。同时攻城战舰也无法打破西顿港一侧的城墙。这位马其顿国王虽然对此感到失望，但远没有气馁。直到马其顿人尝试攻击了每一处城墙之后，攻城战舰才终于成功重创了面对埃及和外海的一段城墙，并将其打破。泰尔人从不认为这里也会遭到攻击，因而这段城墙并不像其余部分那样坚固。

被围攻的泰尔人数月来始终显示着自己的发明能力和机械技巧，亚历山大的工程师们使出了浑身解数才得以与之抗衡。在此之前，马其顿士兵们已经愈发急不可耐，对于攻克这座非凡要塞的信心也发生动摇。但突破口的开辟重新点燃了他们心中的勇气。亚历山大在突破口上架起来一座栈桥，并派出突击部队加以攻击。但泰尔人凭借暴雨般的矢石、火球和其他办法将他们逐退，并在突破口建造了弧形内墙将其堵住。亚历山大只能等待更好的进攻机会。虽然不少历史学家认为亚历山大在此期间曾打算放弃围攻继续远征，但亚历山大根本没有采取过任何能印证这种理论的行动，而这种理论与亚历山大坚忍不拔的性格也完全不相吻合。

进攻失败三天后，海浪十分平静，亚历

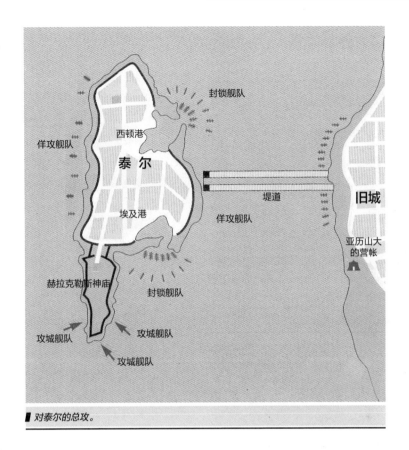

封锁舰队

西顿港

伴攻舰队

泰 尔

埃及港

堤道

伴攻舰队

旧城

亚历山大的营帐

赫拉克勒斯神庙

封锁舰队

攻城舰队   攻城舰队

攻城舰队

■ 对泰尔的总攻。

山大准备进行一次新的进攻。此时已经是七月底了。他将自己的攻城锤集中在城墙的西南部,这里也是最容易攻击的地点。同时他还命令一部分搭载着巨弩、抛石机和投石手、弓箭手的战舰环绕全岛进行射击,以使对方无法确定主攻方向。一部分战舰被部署在海岸附近,准备凭借猛烈的攻击和密集的矢石来威慑对方。另一些战舰则装载着亚历山大最精锐的部队——阿德米塔斯的近卫持盾兵和寇纳斯的方阵步兵旅,亚历山大也准备亲自领导突击。舰队的其余部分全部被派到了两个港口的入口,准备尝试切断入口的拦阻绳攻入港内。除此以外,全军剩下的所有其他部队也都将在这次总攻中提供支援。在几个小时的尝试后,亚历山大终于在城墙上打破了一个更大的缺口。装载着攻城锤的战舰后撤,两艘带着栈桥的战舰向前将栈桥搭靠在海滩上。紧接着,在亚历山大亲自监督之下,近卫持盾兵开始发动突击。泰尔人也以最高的勇气抵挡着他们的进攻。可一旦马其顿人在城墙上站稳了脚跟,其一如既往的勇猛便很快将对方逐退了。持盾兵指挥官阿德米塔斯被长矛刺穿,成了第一个阵亡的马其顿人。亚历山大则与寇纳斯的方阵步兵紧随在近卫持盾兵之后,攻克了数座箭塔以及连接着它们的城墙,一路沿着城墙向泰尔的卫

■ 在泰尔城墙被打破之后，亚历山大的持盾兵首先冲进了城内，而他们一马当先的指挥官阿德米塔斯也成为总攻中第一个牺牲的马其顿人。

■ 在进攻城墙缺口的同时，马其顿人也从攻城战舰的攻城塔登上泰尔城墙。

城前进。这样一来，就要比他们先从城墙下到地面，再从地面进攻卫城要容易得多，因此卫城很快即被攻克了。

与此同时，负责进攻两座港口的舰队（腓尼基人负责攻击埃及港，塞浦路斯人负责进攻西顿港）全部成功突破到了港口内。他们摧毁了泰尔战舰，并占领城市外围的北部和南部，不久后便架设云梯攻入城内。在两面夹攻之下，泰尔人放弃了城墙，在阿革诺耳（Agenor）神庙附近重新集结。在阿德米塔斯阵亡后直接指挥近卫持盾兵的亚历山大从卫城中冲出来，不久后便击溃了所有抵抗。在寇纳斯以及舰队四面八方的攻击之下，城内的战斗很快就演变成了屠杀。泰尔人早前曾在城墙上拷打、屠杀马其顿俘虏，把尸体扔进大海使他们无法下葬，甚至连亚历山大的使节也被他们从城墙上抛进海里，这些残酷行径以及他们的顽强抵抗，都激怒了马其顿人。按照寇蒂斯和狄奥多拉斯的说法，总共有8000名泰尔人被杀，2000人被钉死或吊死在海岸的十字架上。在其余居民中，亚历山大赦免了所有在赫拉克勒斯神庙中避难的人（其中包括泰尔国王和不少高级官员），然后将其余所有30000余名居民和佣兵卖为奴隶。女人、儿童以及老人大部分早已被送到了忘恩负义的殖民地迦太基。在最后的总攻中，只有20名持持盾兵阵亡，在整个围攻过程中也只有400名马其顿士兵丧命。除此以外，无疑还有3000到4000名马其顿士兵受伤。据说有一部分居民在腓尼基舰队的默许下逃离了城市，战事平静后又回到泰尔。寇蒂斯记载有15000人因此得救。

■ 在泰尔陷落后，作为对杀死亚历山大大使者，并将马其顿俘虏抛尸大海的报复，大约两千泰尔人被钉死在海边的十字架上。这在当时的战争中是极为常见的，而泰尔人在此之前的暴行也给了马其顿人复仇的理由。

泰尔的结局虽然残酷，但不过是古代围攻的惯例而已。也许这种残酷看起来是不可原谅的，但直到 30 年战争期间的马格德堡（Magdeburg）围攻也同样以相似的残暴结局收场。如果在基督教盛行了 16 个世纪之后，还能出现以宗教为名，在 36000 名男、女、儿童中屠杀 30000 人的悲剧，那亚历山大的所谓"残暴"恶名，便也不应承受如此之多的批评。面对乌合之众，古代军队需要这种屠杀来保持士气。哪怕是伟大如亚历山大这样的国王，即使他想要阻止屠杀，也必须三思而后行。在那个年代，如果剥夺了士兵们的这些"权利"，统帅在军队中的威望便会严重受损。而且毫无疑问的是，亚历山大在某些时候也像手下那些方阵步兵一样渴望复仇。

现在亚历山大终于得偿所愿地用军事礼节向赫拉克勒斯献祭，整个军队排成阅兵队形从神庙门前通过，攻破城墙的那架攻城锤则被当作谢礼献给了赫拉克勒斯。亚历山大的舰队也排成战斗队形接受检阅。被俘获的赫拉克勒斯圣舰，被刻上献词之后重新献给神庙。此外，亚历山大还在神庙地界上举办了运动会以示庆祝。

就这样，在一场长达七个月的围攻之后，泰尔陷落了。毫无疑问，这座城市的英勇抵抗和悲壮的命运，给世界造成的影响并不亚于伊苏斯会战。泰尔城数百年来的荣誉，最终屈服于亚历山大百折不挠的勇气、能力以及军事才华之下。

变成了半岛，这无疑成了大自然为这位最伟大统帅的武功所修建的纪念碑。

围攻泰尔期间，亚历山大还曾收到第二封来自大流士的信件，后者提出以一万台仑黄金的代价，换回自己的母亲、妻子以及孩子，并愿意将女儿斯塔蒂拉嫁给亚历山大，甚至同意割让幼发拉底河以西的全部土地。亚历山大将这封信念给伙伴骑兵，帕尔梅尼奥便建议亚历山大接受这些条件。据说为此两人曾发生下述对话：

"如果我是亚历山大，我就会接受它们。"

"如果我是帕尔梅尼奥，我也会接受，但我是亚历山大，所以我不会接受。"

亚历山大仍然把这里当作海军基地使用，但泰尔城本身却被完全摧毁了。不过按照斯特拉堡（Strabo）的说法，这里后来又重新成为繁华的城市。建造起来的堤道甚至彻底改变了海峡的潮汐，使原先的海港被淤泥填满，新城所在的海岛也因此

"如果想要征服全部已知世界，便必须先征服全部已知海岸线"

对于泰尔围攻战和他的整个海权战略而言，围攻开始前亚历山大自己在泰尔城下对伙伴骑兵和将将军们的演说，要算是最简洁明了的解释：

只要波斯人仍然掌握着制海权，我们向埃及发动远征就是不安全的；而因为其他一些原因，尤其是希腊目前的情况，就可以知道，若是我们在后方留下忠贞存有疑问的泰

尔城，再加上埃及和塞浦路斯也都还在波斯人的占领之下，此时若是去追击大流士，便是绝对不安全的。我担心假如我们向巴比伦前进追击大流士，波斯人就会再一次尝试占领大海沿岸，并把希腊人也拉进战争之中，斯巴达人现在仍然与我们敌对，雅典也只是害怕而不是尊敬我们。假如我们攻克了泰尔，整个腓尼基都将为我们所有，而腓尼基

■ 一幅描绘泰尔城陷落的绘画,作于文艺复兴时期。与当时创作的所有古代历史绘画相同,这幅画的细节也经不起推敲。

舰队正是波斯舰队中数量最多、素质最好的部队。只要我们占领了腓尼基的城市,他们的水手和水兵就会归顺我们,而不会冒险为别人战斗。在那之后,塞浦路斯也可能会立刻向我们投降,又或者被归顺我们的腓尼基舰队轻易攻占。塞浦路斯降伏后,我们再建立一支马其顿舰队与腓尼基人汇合,便可建立绝对的制海权,远征埃及也将变得轻而易举。埃及征服后,我们对于希腊和马其顿也将不再有后顾之忧。此后再向巴比伦远征,就比较安全,再加上我们已经征服了波斯的沿海诸省以及幼发拉底河以西的所有土地,声威也将大振。

攻克泰尔,使亚历山大不受阻挡地征服了叙利亚和埃及,通过这一次围攻战,他成功地控制了整个东地中海海岸线。波斯的舰队已经不复存在,所有一切的海军基地也已经被握在了手中,希腊与波斯的联系也已经被切断。从此之后,亚历山大对于希腊、马其顿的作战基地再无担心的必要。以后当他进军美索不达米亚、波斯、索格迪亚纳、巴克特里亚、甚至印度时,他也再没有受到对方从背后进行的骚扰。

诚如西奥多·道奇在他的巨著《亚历山大战史》中所言——"如果想要征服全部已知世界,便必须先征服全部已知海岸线"。在攻

■ 著名的伊苏斯马赛克，描绘了亚历山大在伊苏斯会战中亲自率领伙伴骑兵冲向大流士三世的情景，后者两侧林立的长矛来自波斯军中的希腊佣兵。这幅画虽然已经残缺不全，但对于亚历山大的英姿，却始终是最好的体现。

陷泰尔之前，亚历山大的行动处处受制，使他无法既无法离开海岸，也不敢远离本土。直到泰尔陷落后，亚历山大这位古今中外最伟大的征服者，才终于踏上了征服世界的征程。

玉碎比阿克

1944 年美日比阿克岛争夺战 (上)

作者：胡烨

1944 年 5 月，美军在西南太平洋战区首先发动了旨在跳出新几内亚大陆、北上菲律宾的战略反攻。5 月 17 日，美军发起瓦克德—图埃姆战役，激战 2 天就顺利拿下了主要作战目标——瓦克德岛，为下一阶段比阿克岛进攻作战铺平了道路。

在西南太平洋战火逐渐朝菲律宾蔓延的同时，马里亚纳战役的筹备工作也在紧张进行。根据联合参谋长会议的指示，西南太平洋战区必须在马里亚纳战役进行的同时，以航空兵力压制马里亚纳群岛南部，为第 5 舰队减压。为此，麦克阿瑟决定在马里亚纳战役发起前攻克日军在澳北战区重要的决战航空基地——比阿克。于是，一场激烈战役爆发了！

比阿克岛

比阿克岛，长 72 公里（45 英里）、宽 37 公里（23 英里），面积 2455 平方公里（948 平方英里），是新几内亚大陆西部海岸的斯考滕群岛（Schouten Islanda）的主岛，扼守着重要的萨雷拉湾，是新几内亚大陆北上进入菲律宾的必经之地。

从地形轮廓来看，比阿克状似一只老式高跟鞋，岛南面地形较为平坦，与高跟鞋底面相似，东南角和西北角呈内嵌态，西北角（占全岛面积的三分之一）和索埃皮奥里仅隔着一道狭长的海峡。东南角周围密布着诸如欧维岛（Owi）、奥埃基岛（Aoeki）、帕

■ 比阿克岛地理位置。

■ 比阿克岛的土著人。

戴多群岛（Padaido）等卫星岛。截止1944年5月，岛上的主要村落和市镇都处在岛南部，其中博斯内克（Bosnek）是战前全岛的行政中心。

比阿克全岛平均海拔几乎为负数。整个岛屿被珊瑚礁、崎岖的山脉所环绕，主山岭是比阿克海拔最高的山脉，也是全岛制高地。

沿着主山岭为核心的各条山岭和周围的丘陵地带，覆盖着浓密的热带雨林。岛上表面淡水资源十分匮乏，只能依靠打井维持饮水。

虽然比阿克地势以山地丘陵为主，但在东南端的帕莱（Parai）附近海岸，却有一个长8英里、宽1.5英里的狭长平原。利用这个岛上仅有的平坦地形，日军一共修建了4个机场：默克梅机场（Moker Drome，日军称为"默克梅第一机场"）、博洛库埃机场（Borokoe Drome，日军称为"默克梅第二机场"）、索里多机场（Sorido Drome，日军称为"默克梅第三机场"），以及博斯内克北部平原的一个半成机场（兴建到一半即遭到美军进攻）。本来比阿克岛的战略地位就十分突出，加上日军大力兴建的机场群，更是极大地提升了比阿克的战略价值，当然也引来了美军势在必夺的决心！

■ 1961年的默克梅机场航站楼。

作战准备

在美军作战计划中，比阿克战役是萨尔米—瓦克德战役的第二环。在萨尔米—瓦克德战役开始，美军即决心动用经验丰富、靠近战场的第41步兵师参加萨尔米—瓦克德和比阿克战役，其中该师所属的第163步兵团战斗群参加了萨尔米—瓦克德战役，仅用不到3天时间就圆满地完成了第一阶段的作战任务，为比阿克战役的实施创造了有利的条件。在第163步兵团战斗群出色的表现下，第41步兵师主力也决心在比阿克大展宏图。

这次进攻部队代号"飓风"特遣部队，司令由第41步兵师师长富勒少将兼任，参战主力为第186步兵团和第162步兵团，另还得到2个野战炮兵营、2个高射炮营、第641坦克歼击营D连、第603坦克连（装备M4"谢尔曼"坦克）、第542舟岸工兵团、3个航空工兵营以及其他医疗、军需和通信单位的加强。

负责这次作战的海军攻略部队由3支

■ 美国第41步兵师师长富勒，他也是比阿克战役中美军的指挥官。

分舰队组成：护航舰队——2艘重巡洋舰、3艘轻巡洋舰、21艘驱逐舰，任务是护航阶段的防空、登陆阶段的舰炮火力准备和防范日本海军可能的海上拦截；运输船团——5艘武装商船、8艘坦克登陆舰和15艘步兵登陆舰，任务是运送登陆部队、物资，并实施两栖登陆。特勤舰队——4艘猎潜舰（SC）、3艘装载火箭发射架的步兵登陆舰、1艘装载深水炸弹的步兵登陆舰，任务是反潜、为登陆作战提供近距离火力支援，以及登陆艇群的管制作业。空中支援由在荷兰地亚和瓦克德展开的第5航空军前进梯队实施。

在后勤准备方面，美军照例进行了充分的准备。参战部队各携带10日份口粮、2个基数的各种枪炮弹、6个基数的4.2英寸迫击炮弹。此外，美军还计划在登陆的次日再向比阿克运送1万人30日份口粮、3个基数弹药和各种军需物资。6月1日以后，盟国海军运输舰队退出战场，后勤补给改由商船队接手。

尽管后勤和支援规划甚好，但美军在情报上下的功夫显然不足。直到战役开打，对比阿克岛的敌情态势仍知之甚少，只知道日军从5月初开始源源不断向比阿克运输作战物资，并逐渐加强了比阿克防务。在给第41步兵师的敌情简报中，西南太平洋战区的情报部门估计守军约4400人，以第222步兵联队为主，不过第222步兵联队的兵力也不超过2500人，主要防御地带是默克梅机场周围，相反行政中心——博斯内克附近

■ 兵马未动、后勤先行。为了打好比阿克战役，美军在战前进行了极为充分的准备。

的海空反击。美军估计，比阿克战略地位重要，同时也是日军澳北战区的决战根据地，一旦进攻很可能会遭到日本陆海航空部队的全力反击。不过能够得着比阿克的周边机场都在美军空中火力的持续压制下，即使他们想施展手脚，也并非易事。至于海军方面，盟军认为只要头两天能迅速站稳脚跟，就压根不用担心联合舰队的水面反击。但事实往往和估计相反，日军航空兵没对作战构成什么威胁，倒是联合舰队搞的三次浑作战，结结实实地把美军吓出了一身冷汗。

的防务却比较薄弱。

相对于地面战事，美军倒是更关注日军

登陆计划

决心定了，参战部队也定了。可如何登陆，却让美军伤透了脑筋。比阿克岛周围珊瑚礁环绕，只有博斯内克和默克梅周围的海岸地带比较平坦、适合登陆。最初，美军打算采取猛虎掏心战法，在默克梅周围海岸登陆，直取机场群。但通过空中侦察发现，这里是日军比阿克支队把守最严密的地段，强攻势必会付出很大的伤亡。相反，博斯内克周围是比阿克支队防区的薄弱点，兵力不多，易于突破，但这里距机场较远，往北深入内陆会遇到重重山脉，对美军的机动和纵深推进会带来一定的困难。尽管如此，作为全岛首府，联接内地的海岸公路正巧从博斯内克

周围穿过，而且它还是比阿克东南部难得的宽大港湾，吃水深、面积大、适合大船团停靠，舰岸补给方便。权衡利弊，瓦克德—萨尔米—比阿克战役的总负责人——"阿拉莫"部队司令、美国陆军第6军军长克鲁格中将和各位海、空军将领讨论后，决定在博斯内克东面实施登陆。

命令下达到一线部队，"飓风"特遣部队经过仔细分析，选定博斯内克东约500码，正面宽约1200码的海岸地段作为登陆区，代号"绿滩"，从西往东，依次命名为绿1、绿2、绿3、绿4滩。虽然登陆点选定，但比阿克周围密布的珊瑚礁却让美国人感到头

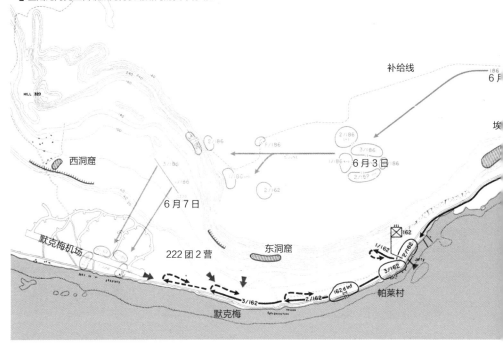

■ 登陆比阿克至占领默克梅机场期间的美军行动。

疼，更糟糕的是对于岸边珊瑚礁的情况和登陆点周围水文情况知之甚少。于是，美军从塔拉瓦登陆战经验出发，决定动用坦克登陆舰装载两栖登陆车（LVT）和"水鸭子"直接开到珊瑚礁外，然后放下车辆群，实施第一波登陆。待第一波登陆部队顺利上岸后，两栖登陆车和"水鸭子"再往返滩头和坦克登陆舰之间，接运补给。直到滩头阵地确保，探明珊瑚礁之间的空隙，再动用 8 艘满载坦克、105 毫米榴弹炮、卡车和推土机等重装备的坦克登陆舰和运载主力的步兵登陆艇群上岸。由于本次登陆动用的登陆器材种类和数量都不小，因此陆海军工兵进行了分工，大部分坦克登陆舰和步兵登陆艇由海军操纵，陆军第 3 特种工兵旅和第 41 步兵师部分特种工兵负责操纵"水鸭子"和剩下来的坦克登陆舰。

在进攻时刻的选定上，战役总负责人——克鲁格中将最初把代表陆军上岸的 H 时定在 07 点 15 分，但遭到了西南太平洋战区空军司令肯尼中将和第 5 航空军司令怀特黑德中将的坚决反对。他们的理由是 5 月 27 日，比阿克的日出时间是 06 点 55 分，空军出动的 52 架轰炸机难以在日出 20 分钟内就确认目标并完成轰炸。肯尼中将的方案是，H 时最好再往后推迟半小时到 1 小时，使空军有足够的时间确认目标并完成轰炸。在空军的压力下，克鲁格妥协了，决定牺牲进攻突然性，把 H 时推迟半小时，定为 07 点 45 分。不过，克鲁格也对肯尼约法三章：

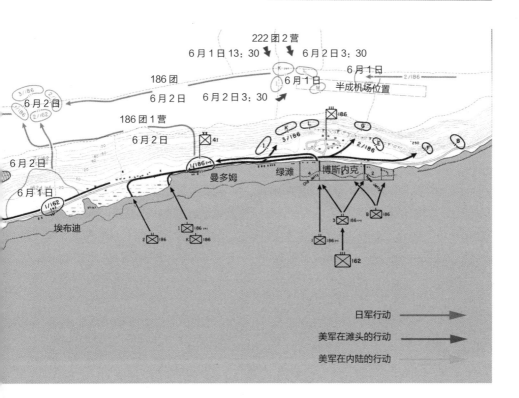

日军行动

美军在滩头的行动

美军在内陆的行动

第一，为了防止 B-24 高空水平轰炸影响海军的舰炮校射、必须严格按事前划定的区域实施轰炸、尽一切可能避免炸弹落到非轰炸区；第二，为了便于日后使用，轰炸机不能对码头，尤其是帕莱码头实施轰炸；第三，不能对水际附近投弹，以免误伤登陆艇群和参战官兵。

除 B-24 的航空火力准备外，诸如 A-20、B-25、P-47、P-40 等中型轰炸机和战斗机群也将在 Z 日当天不断飞临比阿克，为地面部队撑起一把有效的空中保护伞。

舰炮火力准备方面，美军计划从 H-45分钟开始实施，一直持续到 H 时。其中，巡洋舰群负责对登陆场西面预定区域进行 15分钟的炮火准备，然后转移火力，轰击默克

梅机场群，预定消耗 400 枚 8 英寸、1000枚 6 英寸、3740 枚 5 英寸和 1000 发 4.7 英寸炮弹。H 时过后，巡洋舰群暂停射击，随时准备应地面部队之请，提供紧急炮火支援。驱逐舰群负责先轰击滩头阵地和东面地带 15 分钟，然后转移火力，配合巡洋舰群炮轰机场群，一直持续到 H-3 分钟，预计消耗炮弹 4900 发。另外，3 艘装备火箭发射架的步兵登陆舰和 2 艘猎潜舰也将动用火箭炮和机关炮对登陆部队提供炮火支援，时间从 H-5 分钟一直持续到第一波登陆部队安全上陆为止。

地面部队的主要作战任务是，第 186 步兵团 2 营首先在绿 2—绿 4 滩登陆。前三波登陆部队各乘坐 16 辆两栖登陆车，从 H 时

在太平洋地区作战的B-24轰炸机，美军对比阿克岛的空袭，即是以这种轰炸机为主力。

开始以5分钟间隔依次登陆。第641坦克歼击营D连（装备4.2英寸迫击炮）和第121野战炮兵营（装备75毫米榴弹炮）装在"水鸭子"上，于H+15分钟登陆。H+20分钟，3营乘坐12艘步兵登陆艇在博斯内克两边的新旧码头实施登陆。与此同时，1营负责拿下绿1滩。

一旦确保码头，第162步兵团、支援部队和预备队将搭乘返回预定集结海域接应的水陆两用战车上岸。坦克、火炮和大型机械设备则由坦克登陆舰运载，从珊瑚礁之间开辟的航道，或是码头直接上岸，支

援地面部队作战。

从Z+2日开始，第186步兵团负责巩固滩头阵地，第162步兵团从博斯内克出发，

两栖登陆坦克（LVT）。

80

在第 603 坦克连 8 辆 M4"谢尔曼"中型坦克和第 146 野战炮兵营（装备 105 毫米榴弹炮）支援下，务必在 6 月 10 日前粉碎日军抵抗，拿下默克梅、博洛库埃和索里多等 3 个机场，然后动用陆军航空工兵营和海蜜蜂，力争在最短的时间内，扩建机场群，使之可容纳 1 个战斗机大队、1 个重轰炸机大队、1 个侦察机大队、1 个夜间战斗机中队和 1 个侦照中队，力争在马里亚纳战役开打（6 月 15 日）前投入使用。

计划是好的、梦想是美的，可能不能实现，还得看日本人的脸色。

精锐联队守要害

相对美军，日军早在战役打开前半年就意识到了比阿克在澳北战场和菲律宾前沿防卫的重要性。作为澳北战区关键的一环，比阿克在手，远可保菲律宾、近可保重要菲律宾前沿要地、也能够让澳北战区的后方——帕劳群岛安如泰山。一旦失守，不仅帕劳难保，麦帅跳出新几内亚大陆，北上反攻菲律宾的大门就会完全敞开，从比阿克起飞的盟军飞机，就可以肆意轰炸马里亚纳群岛和菲律宾南部各个岛屿，给日军后方带来巨大威胁。因此，日军在 1943 年中拟订的下一年度作战纲要中，把比阿克划进绝对国防圈，将其战略地位提升到和塞班岛、提尼安岛相同的程度，成为决战根据地的一环。

既然成了决战根据地，那就应该调动精锐部队来防卫。于是，在大本营的特别命令下，第 36 师团所属的精锐联队—第 222 步兵联队（联队长：葛目幸直大佐）担起了这个重任。

第 222 步兵联队成立时间不长，但却以善打硬仗而闻名。1939 年 3 月，第 222 步兵联队在日本弘前组建，纳入第 36 师团序列。一个月后，渡海前往中国大陆参战。在华北战场，第 222 步兵联队随同第 36 师团参加了多次对敌后根据地的扫荡战和中原会战（国军方面称为"中条山会战"），几乎每次作战都担任师团的突击尖兵，是全师团中歼敌数量最多的联队。随着太平洋战争的爆发和大量中国派遣军、关东军所属部队往太平洋战场的抽调，中国派遣军兵力越发不足，只得把战略方针改为持久固守态势，第 36 师团再无昔日"风采"，也被迫减少大规模作战次数，转入持久性的防卫固守。1943 年末，随着美军在所罗门、新几内亚和中部太平洋等地的反攻取得突破性进展，日军被迫再次对太平洋战场进行大规模增兵。第

■ 太平洋战争前期，第 222 步兵联队寄出的明信片。不过这张明信片上所画的内容，却与该联队无关。

■ 在日本总动员的大背景下，台湾和朝鲜人民被强征作为辅助军事人员（勤务部队或军夫）参与战争，据不完全统计，台湾在第2次世界大战中被日本以各种名义征用了60万人次，其中15万人直接上战场，3.2万人不幸丧生，成了日本帝国主义的炮灰。图为台湾高砂义勇队员。

有 3 个完工，还有一个建了一半），同时和驻萨尔米的第 36 师团主力（第 223 和第 224 步兵联队）互为犄角，相互支援，共同击破来犯之敌。不久，第 107 野战机场设定队（队长：大森正夫少佐）、第 108 野战机场设定队（队长：佐藤周造少佐）和第 17 野战机场设定队（队长：南正则中佐）相继登上比阿克，准备在默克梅周围修建第 1、2、3 等 3 座机场（美军分别命名为"默克梅机场"、"博洛库埃机场"和"索里多机场"），同时还要修建一座联络兼防空用的小型机场。1944 年 2 月 28 日，随着马绍尔群岛的失守和特鲁克被炸，作为澳北战区决战根据地的比阿克的战略地位日益突显。为此，第 222 步兵联队、从台湾征用的 3000 名劳工和高砂义勇队，全力配合第 107、108 和 17 三个也野战机场设定队工作。为了加大机场建设力度，大本营还下令第 105 野战机场设定队（队长：山田义勇少佐，未能到位）和海军第 202 设营队（队长：永田龟雄少佐）赶赴比阿克，参加机场修建工作。按照大本营的指示，4 个机场务必在 6 月初完成。在大本营的严令下，比阿克全体陆海军官兵在口粮补给量仅有额定三分之二的情况下，不分昼夜地苦干，终于在美军进攻荷兰地亚前（4 月 17 日左右），好不容易才完成了 2 个机场修建工作。刚想休

36 师团被点名，奉命前往澳北战区的萨尔米和比阿克，企图在新几内亚西部修建一条钢铁防线，堵住麦克阿瑟向菲律宾的进军，将西南太平洋战区困在新几内亚大陆，为中部太平洋决战争取时间。

由于 30 开头的师团是乙种师团，编制内无炮兵联队，重武器十分缺乏。为了守住比阿克这个关键要地，大本营特地在部队出发前，向第 222 步兵联队拨发了大量的武器、弹药，并增设 1 个战车中队（装备 9 辆轻坦克）将其改编为海洋联队。1943 年 11 月底，第 222 步兵联队随同第 36 师团离开了中国战场，开赴澳北战区，经由哈马黑拉，于 12 月 25 日在比阿克登陆，然后以第 222 步兵联队为基干，正式组成比阿克支队（联队长葛目幸直大佐兼任支队长），他们的任务是坚守比阿克，协助后续到达的各个陆军野战机场设定队在比阿克修建 5 个机场（后来只

息一会，却不料美国陆航第 5 航空军从第二天（4 月 18 日）起对比阿克进行轰炸。经验丰富的支队长葛目大佐立即判断出这是美军发起大规模登陆作战的先兆，但具体是哪个地方，不得而知，为了防止被打个措手不及，他下令减缓第 3、第 4 机场的建设进度，开始加强战备。4 月 23 日，美军在荷兰地亚登陆的消息传来，他这才松了半口气。趁着美军的注意力还在新几内亚大陆，他召集联队本部拟订了比阿克支队最初的防卫计划：

支队应尽速完成索里多机场的建设，并极力确保包括该机场在内的岛内各要点，同时在敌登陆之际，于航空部队协助下，迅速机动歼敌于水际。

这个作战方针进行充分考虑，计划把海军部队安排在博斯内克附近。

1. 第 3 大队（大队长：须藤福美大尉）和 3 个野战机场设定队应在 5 月中旬完成剩余的 2 个机场建设。

2. 负责确保本岛的支队主力（1、2 大队）立即展开布防，重点固守在比阿克岛东部的索里多机场地带。若敌自本岛东南和南方来攻，则应集中全岛兵力在确保机场群的同时，努力歼敌于水际。若敌在北岸登陆，应适当增兵，对敌实施游击战，并抓住机会一举歼敌。海军部队担任从博斯内克到东面的奥皮阿雷弗（Opiaref）之间防务，敌来犯时，全岛兵力统一由支队长指挥。

3. 第 1 大队（大队长：齐藤吾右门卫少佐，欠 1 个小队）负责奥皮阿雷弗到萨巴以东防务，第 2 大队（大队长：牧野贤藏大

尉，欠 5 中队）负责索里多、博斯内克之间防务，第 10 中队（中队长：龟井幸吾中尉，欠 1 个小队，得到 1 个炮中队和 1 个迫击炮小队的支援）把守克里姆湾，第 3 大队为支队预备队（开战前继续支援野战机场设定队修建机场，一旦开战、立即机动至海岸，反击来敌），战车中队（中队长：岩佐洋中尉）集结于萨巴，各阵地必须囤积 4 个月的粮秣，以备持久战。

虽然美军第一击没有打到比阿克，但支队长葛目大佐明白，美军的下一个进攻目标很可能就是比阿克了。看着手下训练有素的兵员，葛目支队长心里还是有底气的。

第 222 步兵联队是按海洋编制师团的海上机动反击联队的标准武装起来的，其装

■ 41 式 75 毫米山炮。

■ 222 联队大量装备的 89 式重型掷弹筒。

备武器之精良、数量之大，在日本陆军中仅有17个步兵联队可与之媲美。联队编成为联队本部、3个步兵大队（由9个步兵中队、3个迫击炮中队、3个炮兵中队、3个作业小队组成，1个步兵大队满员兵力约1000人、1个步兵中队满员兵力约200人）、1个机关炮中队、1个战车中队、1个工兵中队、1个通信中队和1个卫生中队，满员兵额3964人，装备4辆自动车（军用吉普）、10辆水陆两用自动车（军用吉普）、轻坦克9辆、重型掷弹筒112具、轻机枪108挺（96式36挺、11年式72挺）、92式重机枪18挺、97式自动炮9门、速射炮6门、机关炮6门、97式曲射炮57门、山炮9门、小型迫击炮6门。

虽然装备精良、兵员训练有素，但后勤无力、储备不足也困扰着比阿克支队的备战。打持久战嘛，储备不足；打速决战嘛，又没有海空优势。在没有外力支援的情况下，即使是精锐的第222步兵联队也难以完全粉碎美军进攻。怎么办呢？就在葛目支队长踌躇的时候，澳北战区却发生了一连串的事件，对战局造成了重大影响。

4月26日，负责运载第35和第32师团开赴澳北战区的竹一船团在途中遭到美军潜艇攻击，搭载第210步兵联队（隶属于第32师团）"第一吉田丸"号沉没，2700人死亡、全联队重武器丢失殆尽，还未参战就完全丧失了战斗力。这次事件给大本营带来了巨大的冲击，通往澳北战区的海上运输线已被美军切断，再派兵员和物资已不可能。有鉴于此，大本营决定后撤绝对国防圈，集中兵力固守要点。

5月2日，大本营陆军部下达大陆令第599号，正式宣布把萨尔米和比阿克从绝对国防圈中剔除，但仍强调比阿克作为绝对国防圈前沿地带，必须死守，要求第36师团主力撤离萨尔米，第35师团第一次运输部队（驻帕劳群岛），立即向比阿克集中。然而，美军从4月23日起即完全夺取了萨尔米方面的制空权，第36师团无法撤出，加上从4月28日起，美军又开始加强对比阿克的海上、空中封锁，第35师团第一次运输部队也无法冲破封锁。转移命令成了一纸空文。

这还没完。5月6日，竹一船团再次遭受打击。"亚丁丸"、"但马丸"和"天津山丸"被美军潜艇击沉，死亡2000人，第35师团几乎丢失了所有的重武器，完全丧失了有效战斗力。无独有偶，南方军预备队——海上机动第2旅团也在从马尼拉开赴民答那峨岛途中遭到美军潜艇雷击，所属的战车中队（9辆轻坦克）全部挂掉。连续的重大损失，让大本营目瞪口呆，靠着原有兵力和残缺不全的增援部队，不要说决战、就连能否打持久战都是问题。无奈之下，大本营陆军部只得再次下令后撤绝对国防圈，又把索龙和哈马黑拉给踢了出去，打算集中残兵，固守比阿克和马诺夸里等前沿要地。但这一次，南方军阳奉阴违，第2方面军更是对这道命令置之不理，直接命令第32师团进驻哈马黑拉、第35师团进驻索龙。这样一来，日军兵力有限且分兵把关、处处薄弱的缺点并没有得到有效的改善，一旦美军来攻，各岛守备队还是只能被动应战，无法形成拳头，难以避免被各个击破的悲剧。

▌第一大福丸型运输船，竹一船团中拥有数艘该级运输船，它们在战前的沉没使日军损失惨重。

竹一船团的惨重损失和军部、现地部队的各自为政，让葛目支队长感到前途黯淡，他开始意识到一切只能靠自己了。5月5日，葛目大佐向支队（除野战机场设定队和第222步兵联队3大队）下达了新的作战命令，详细规划了各部的防区，并指示从5月6日凌晨起立即占领预定防御地带：

雪步（"雪兵团"是第36师团的代称）222作命甲第76号

比阿克支队命令——5月5日14点00分于博斯内克

1.敌以有力部队在荷兰地亚登陆，目前我军正极力反击中。现今，敌机逐渐加大了对比阿克岛的空袭力度，但并未给我军造成太大损害。海军第19警备队以一部兵力负责博斯内克到奥皮阿雷弗之间的警戒、监视和防空。

2.支队以一部兵力尽速完成机场建设，并集中兵力力争将来敌歼灭于水际。为此，必须占据岛内要地，实施坚固的筑城作业。

3.第2大队（欠5中队）为右第一线，阻止敌登陆，确保索里多机场。为此，必须迅速占领索里多机场周围（含博斯内克）各要点，然后实施筑城作业。

4.第1大队（欠1个小队）为左第一线大队，其任务是确保比阿克岛东南部，阻止敌登陆。为此，必须占领奥皮阿雷弗到萨巴连线以东，实施筑城作业。

5.第一线两个大队的筑城作业实施细节另行通告，筑城班和工兵中队予以协助。

6.第10中队（欠1个小队、炮兵第3中队、1个迫击炮小队）前往克里姆湾驻防，防止敌在此登陆。

7.战车中队在萨巴附近集结，依状况准备随时进出博斯内克附近海岸，增援1大队。

12.各飞行场设定队继续执行现任务，同时固守露营地附近，防范敌急袭。

13.第3大队（欠第9、11中队、炮兵中队、迫击炮1个小队）担任比阿克支队预备队，负责索里多附近的索里多-克里姆湾和曼格洛（Mangrove）附近-博斯内克北方一带的道路构筑和防御任务。

14.其余诸队一边强化战斗力，一边继续执行现任务，固守其露营地附近，寻机奇袭。

15.支队本部预定设在博斯内克。

支队长：葛目大佐

显然，葛目大佐的意图是放弃水际决战，集中主力固守默克梅机场群西北和北面的天水山和梯岭地带，这样既可以有效避开美军优势海空火力打击，又可居高临下封锁机场群。天水山周围，日军也在西洞窟和东洞窟，利用当地洞穴多而密的特点，建立一个完善的地下防御体系。相对机场周围和东、西洞窟的坚固防御，博斯内克地区的防务却显得异常单薄，仅派2中队1个小队在博斯内克北方珊瑚岭驻防。

在陆军努力设防的同时，海军也不甘人后。5月1日，海军第28特别根据地队在马诺夸里成立，统一指挥驻马诺夸里的第18、比阿克的第19和萨尔米的第91警备队，重点是比阿克地区。[①]5月15日，新任第28特别根据地队司令官千田贞敏少将携若色参谋进驻比阿克，在西洞窟设立临时司令部，领导驻比阿克海军部队配合比阿克支队作战。16日，千田少将向海军部队下达了作战命令：

1.比阿克海军防备部队由千田少将直率，司令部设在西洞窟。

2.预期敌在5月23日来攻。

3.比阿克海军防备部队以高射炮阵地为主阵地，在友军（第2大队）的协助下，随时准备歼灭在索里多到默克梅之间水际登陆之敌，确保机场安全。

4.比阿克海军防备部队由第28特别根据地队司令部（仅司令官和若色参谋）、第19警备队、第33、第105防空队、第202设营队组成。

5.轻机枪第1小队（装备4挺机枪和20支步枪）在陆军第7中队地域内的曼格洛附近待机而动。第2小队（装备4机枪和20支步枪）在陆军第6、第7中队间的海岸位置待机而动。

海岸部队：防空第1小队（装备4门25毫米机炮）负责陆军第6中队战区防空。

防空第2小队（装备2门25毫米机炮和1挺13毫米机枪1挺）负责陆军第7中队战区防空。

① 驻比阿克海军部队由第28根据地队临时司令部（2人）、第19警备队（118人）、第33防空队（304人）、第105防空队（239人）、第202设营队（860人）、航空燃料厂人员（341人）和海军航空人员（83人）组成，共1947人，装备5门120毫米高射炮、13门25毫米机关炮、8挺13毫米机枪、4挺7.7毫米机枪、8挺11年式轻机枪。

■第2面军司令官阿南惟几大将。

高射炮部队（装备4门120毫米高射炮、2挺13毫米机枪），负责高射炮台防空。

运输队、观察队、通信队、医务队、主计队、作业队在西洞窟周围待命，装备8挺轻机枪、40支步枪，随时准备进行机动防御。

6.在博斯内克和默克梅各部署一门150毫米榴弹炮，负责对海射击。

同一天，第2方面军司令官阿南惟几大将前往索龙和哈马黑拉视察后，决心收缩防线，将第35师团司令部连同2个步兵大队撤离索龙，转移到比阿克，由第35师团长池田中将统一指挥。5月17日，美军发起萨尔米—瓦克德战役，仅两天时间就顺利拿下

了阿拉略－图埃姆和瓦克德等预定目标，第36师团主力顿时陷入苦战，比阿克失去了犄角。南方军和第2方面军判断，美军很可能在6月10日左右进攻比阿克，因此南方军决心调派海上机动第2旅团增援比阿克。为了在6月10日保障海上机动第2旅团和第35师团2个大队顺利登陆，第2方面军参谋长沼田中将携重安龟之助大佐、加野重藏少佐两参谋于5月24日离开方面军司令部，25日黄昏登上比阿克亲自考察。26日，沼田参谋长在西洞窟和千田少将、在博斯内克和葛目大佐进行了会谈。葛目大佐向沼田中将拍着胸脯保证，只要第35师团2个大队和海上机动第2旅团能够顺利上岛，比阿克守个一年半载没问题。看到葛目大佐如此自信，沼田中将感到十分满意。

5月27日拂晓，比阿克海岸观察哨发

■5月27日是日本海军节，1905年5月27日日本联合舰队在对马海峡进行的日本海大海战中一举全歼了波罗的海舰队，奠定了胜局。不知情的比阿克支队一开始还以为是联合舰队停靠，正准备联欢之际，却不想是美国人打了上门。图为日本海大海战的油画。

现一支庞大的舰队出现在比阿克近海，联想到今天是日本帝国海军纪念日，观察哨遂误认为是联合舰队进驻，于是通过电话大声向支队司令部报告："联合舰队来了！"这时，沼田参谋长在默克梅机场正准备乘坐1架赶来接应的99双轻爆出发，密集的炸弹突然像雨点般地落在跑道上。好在飞行员当机立断，拉着沼田中将跳下飞机，这才逃过一劫。一开始，沼田中将还丈二和尚摸不着头脑，不是说联合舰队来了吗，怎么又轰炸机场呢？等他回到西洞窟，从附近高地望见博斯内克的滚滚浓烟时，方才恍然大悟，原来这不是联合舰队造访，而是美国人来"慰问"了！

登 陆

5月21日，预定参加比阿克作战的"飓风"特遣部队各部在霍姆博特湾集结完毕。作为西南太平洋战区老牌部队，第41步兵师曾参加了多次两栖登陆作战，经验丰富，其官兵都可以算得上是登陆战的老油条。但这次作战，却是他们第一次尝试在目标近海

■ 美国海军的坦克登陆舰。由于在演习期间发现了大量指挥联络问题，最终美军不得不为前往比阿克岛的每一艘坦克登陆舰配属了一位指挥官。

■ 正在遭到美军空袭的默克梅机场，照片摄于5月27日上午。

从坦克登陆舰换乘两栖登陆车和"水鸭子"抢滩，底气不足。

为此，第41步兵师特地在5月23日（即Z-4日），动用约65%的两栖登陆车和"水鸭子"（剩余的还在湾内紧急修理）展开临战演习。结果登陆艇群的编组、航进、指挥艇与两栖登陆车之间的联络一塌糊涂，让在场的军官无不摇头叹息。尽管如此，时间上也不允许继续演习。为了在尽可能短的时间内纠错，第41步兵师召集两栖登陆车驾驶员、坦克登陆舰指挥官召开紧急会议，拟订出了新的登陆计划，决定每艘坦克登陆舰选出1名登陆群指挥官，负责统一指挥自本舰出发的两栖登陆车的编组和突击抢滩，算是赶鸭子上架，临时解决了问题。

5月25日黄昏，飓风特遣部队从霍姆博特湾起航。次日清晨，护航舰队和运输船团顺利会合。沿途天候恶劣，美军判断日军侦察机难以有效侦察，海军攻略部队司令弗莱彻中将决定不做迂回，直航比阿克（大型运输船团平均航速仅8.5节）。

当时，一股西向贸易风正扫过比阿克。5月27日拂晓前，船团遭遇了这股贸易风。然而，风力强度却远超估计，使船团提前15分钟抵达博斯内克近海。不管怎么说，早到总比迟到好。于是，运输船团和护航舰队分别就位，准备投入战斗。06点29分，海军攻略部队司令弗莱彻中将一声令下，比阿克战役正式开打。

虽然进攻时间大大提前，但海空火力依旧按计划分步展开，首先是猛烈的舰炮火力准确覆盖了预定目标，日军还击火力零零星星。在舰炮火力掩护下，负责第一波登陆突击的第186步兵团2营以最快的速度完成换乘和集结，按时乘坐两栖登陆车朝海滩进发。从这时起，登陆行动就不按计划进行了。

由于贸易风的作用，船团在进攻发起时向西偏离指定锚地近3000码，导致2营首波登陆部队在预定地点——绿4滩西面3000码的曼格洛附近沼泽区登陆。接着，

■ 1944年5月27日，在比阿克岛抢滩的LST-425号坦克登陆舰。

第2波登陆部队和第4登陆部队先后在此登陆。虽然登陆点有些偏差，但没有遭到日军抵抗。07点30分，全军先锋——第186步兵团2营完成登陆，并很快踏上了通往默克梅机场的海岸公路。07点35分，3营在2营登陆点东面700码顺利上岸。

07点40分，第186步兵团长奥利弗·纽曼上校（Col. Oliver P. Newman）领着团部登陆，并迅速在曼多姆（Mandom，位于博斯内克以西2000码）建立临时指挥部。此刻，2营和3营主力已经全部上岸，但都在预定滩头阵地西方，日军抵抗微弱，几乎没有发生战斗。不过，登陆点的组织十分混乱，给接下来的物资舰一岸运输带来了不小的麻烦。于是，纽曼上校急电"飓风"特遣部队司令富勒少将，请示第186步兵团可否放弃

原定固守滩头方案，执行原本赋予第162步兵团的任务，直取机场群。这个请求当场被富勒少将以交叉改变任务会打乱整个作战部署为由予以驳回。同时，他还严令纽曼往东进攻，夺取并固守预定滩头阵地和博斯内克，接应物资上岸。

07点45分，第186步兵团2营和3营向东转移，在仅遇微弱抵抗的情况下，于09点30分拿下了绿1-绿4滩和博斯内克新旧码头。在186步兵团的掩护下，"飓风"特遣部队的第121野战炮兵营和第641坦克歼击营D连顺利上岸。截止正午时刻，第186步兵团已经夺取了旧码头以西1000码-博斯内克背后珊瑚岭-新码头以东1500码，宽约2500码的滩头阵地。接下来，他们的任务就是准备向博斯内克北面的珊瑚岭发起

攻击，打开进入北部平原的大门。

12 点 30 分，第 186 步兵团 2 营以 F 连和 G 连，在第 542 舟岸工兵团支援连协助下，沿着陡峭的山脊登上珊瑚岭，展开山地作战。驻防珊瑚岭群的日军部队是第 222 步兵联队 2 中队 3 小队。在这里，日军进行了激烈抵抗，激战 3 小时，除 3 人幸存外，3 小队全军覆灭。第 186 步兵团拿下了珊瑚岭，做好了向北深入内陆平原的准备。

和第 186 步兵团类似，第 162 步兵团在 Z 日的行动也异常顺利。09 点 00 分，162 步团一上岸，就以 3、2、1 营为序列，呈战斗纵队沿海岸公路向默克梅机场群推进。

10 点 30 分，打先锋的 3 营首先抵达埃布迪(Ibdi，在曼格洛沼泽区西面约 2000 码)，前方是和南岸平行、高约 200 英尺的珊瑚陡崖，海岸公路在崖下缓缓穿过，到埃布迪西 1500 码，海岸公路变成了一条随山势走向的小道，朝西南沿着索昂嘎莱（Soanggarai）湾延伸约 2000 码，终点是帕莱村（Parai），美军地图将这条山道标注为帕莱小道。

在第 603 坦克连 6 辆 M4"谢尔曼"坦克的支援下，3 营沿着海岸公路朝帕莱小道推进。11 点 15 分，美军开始遭到日军有力的抵抗。埋伏在帕莱小道前 100 码的第 222 步兵联队 7 中队在中队长横山英雄中尉的带领下拼死抵抗，却难挡坦克突击。为了炸毁美军坦克，横山英雄中尉、岛山勋军曹和高桥兵长先后抱着炸药进行肉弹攻击，但全被坦克车载机枪火力扫倒。13 点 00 分，3 营粉碎 7 中队抵抗，打到帕莱小道东面入口。在这里，美军又和第 36 师团海上运输队第 3 中队（中队长：山口和夫大尉，约 170 人）

所属的辛川小队（队长：辛川敏美少尉，51 人）干上了。在辛川小队的顽强抵抗下，3 营进展缓慢，不得不在坦克配合下，逐一肃清小道两侧洞穴。为了支援步兵作战，装载火箭发射架的特种步兵登陆舰不停地对帕莱西面山岭和海岸公路沿线两侧地带进行密集的轰击。在强大的炮坦支援下，3 营在黄昏前粉碎了辛川小队的抵抗，拿下了帕莱。辛川小队伤亡惨重，战死 10 多人，剩余官兵在辛川敏美少尉带领下撤出帕莱小道，转往后方和第 222 步兵联队 3 大队会合。入夜后，2 营赶来和 3 营在帕莱会合，准备次日继续向机场群进攻。

与此同时，勤务部队和作战支援部队在 Z 日的表现也可圈可点。

07 点 30 分，第 121 野战炮兵营 C 连

▆ 海岸的登陆场。

▆ 美军士兵在比阿克岛设立的营帐。

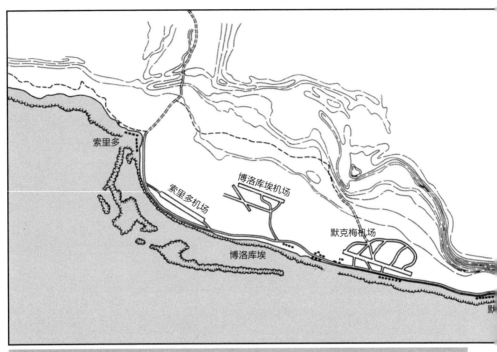

■ 博斯内克-索里多一线的海岸。

首先上岸，为 186 步兵团进攻博斯内克北面第 1 山岭提供了有力的炮火支援。11 点 00 分，第 121 野战炮兵营主力、第 146 野战炮兵营和第 947 野战炮兵营 C 连（装备 155 毫米榴弹炮）也登上了比阿克。按计划，第 146 野战炮兵营负责 162 步兵团、第 121 野战炮兵营负责 186 步兵团、第 947 野战炮兵营负责全盘作战支援。不过，186 步兵团和 162 步兵团作战进展十分顺利，因此当天仅有第 121 野战炮兵营 C 连参战，其他炮兵连的行动都仅限试射，直到 5 月 28 日凌晨才正式进行全面炮火支援。

相对陆炮支援火力的零零星星，护航舰队的炮火支援却轰轰烈烈。登陆前，部署在博斯内克到默克梅的 2 门日本海军 150 毫米火炮被舰炮火力准确摧毁。同时，埋伏在帕莱栈桥的第 24 师团海上运输队第 3 中队（中队长：鸭岛园吉中尉，325 人）遭到猛烈的舰炮火力轰击，还未接仗就伤亡过百，被迫放弃阵地，撤往内陆和第 222 步兵联队 3 大队会合。

对美军的进攻，外围日军海空部队反应较为迟钝，直到 16 点 00 分才出动海军第 153 航空队的 2 架零战和陆军第 24 飞行战队的 7 架一式战斗机（挂载 60 千克破甲弹充当战斗轰炸机），强行攻击了停泊在博斯内克码头的 4 艘美军坦克登陆舰，3 枚炸弹命中 456 号坦克登陆舰，可惜全是哑弹，让

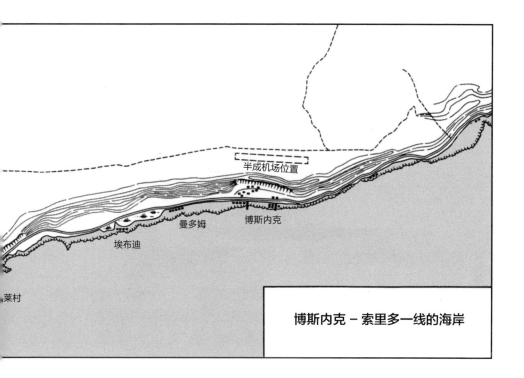

半成机场位置

博斯内克

曼多姆

埃布迪

莱村

博斯内克－索里多一线的海岸

■ 被炮火夷平的比阿克岛海岸树林。

美军逃过一劫。轰炸结束后，零战从高空俯冲下来，贴着海岸疯狂扫射，造成美军 1 死 2 伤。直到这时，换班的美军 P-47 和 P-38 才匆匆赶到，双方大打出手，4 架一式战斗机和 1 架零战没有返航，美军也损失了 2 架 P-38，其中 1 架一式战斗机坠海前擦撞上 1 艘驱逐舰的 SC 雷达，造成 2 死 9 伤。尽管日军空袭坚决，攻击队几乎全军覆灭，但换来的却仅是美军 3 死 14 伤的微小战绩。

截止 17 点 15 分，第 41 步兵师（包括大量配属部队）12000 多人、12 辆 M4 "谢尔曼"中型坦克、5 门 155 毫米榴弹炮、12 门 105 毫米榴弹炮、12 门 75 毫米榴弹炮、五百多部各型车辆和 3000 吨物资成功登上

▌美国陆军P-47战斗机。这种飞机被广泛用于对地支援任务，在比阿克岛对于美军也起到了不可小视的掩护作用。

比阿克。随同登陆的第542舟岸工兵团迅速在博斯内克周围建立兵营和仓库，储备作战物资，做好向内陆进攻的补给中转。第116

工兵团也开始修路、扩路，建立近岸饮水点。

在各部的协同努力下，Z日的作战目标和物资卸载全都顺利完成，尤其是地面战斗，日军抵抗虽然顽强，但仍被美军步坦协同轻松瓦解。对此，"飓风"特遣部队司令、第41步兵师师长富勒少将感到十分满意。在他看来，日军不堪一击，这次战斗形同郊游，应该很快就可以结束了。然而，夜晚的到来，却毫不留情地击碎了他的美梦。

▌正在比阿克海滩上卸载物资的美军部队，照片摄于5月27日上午。

葛目的反击

对美军的登陆，日军最初的反应可以说是目瞪口呆。原本准备迎接联合舰队的进驻，没想到却吃了一通炮火，半天都没回过神来，激战仅半天，就丢失了博斯内克。在这关键的时刻，比阿克支队的指挥系统却完全陷入紊乱状态。沼田参谋长经历了机场惊魂后，在美军猛烈的海空火力封锁下，好不容易才于16点00分回到西洞窟，而在西洞窟呆了大半天的千田少将，却根本不了解全局状况，无法发号施令；了解状况的葛目大佐一时间又和西洞窟失去联系。直到下午晚些时候，他们才取得联系。而此时，美军已经站稳了脚跟。

■ 西洞窟的一个入口。

■ 默克梅机场附近的西洞窟入口。

面对危局，葛目联队长命令第222步兵联队3大队封锁索昂嘎莱湾，并守住埃布迪口袋，从侧翼威胁第162步兵团的进军路线；同时，他还亲自带着支队司令部（第222步兵联队本部）、第222步兵联队1大队和安藤集成大队前往博斯内克—埃布迪之间地带埋伏，准备夜袭。为了确保夜袭成功，沼田参谋长还下令第222步兵联队2大队也参加夜袭，争取多路突击，一举将美军歼灭。

20点00分，第1大队从东面首先对博斯内克展开攻击，结果还没能靠近美军阵地，就遭到猛烈炮火拦阻，2中队长齐藤克已中尉和第1作业队长八重铿钦一中尉阵亡，战斗打了不到2分钟，美军就以零伤亡代价轻松粉碎了1大队的进攻。24点00分，安藤集成大队又从西面攻打博斯内克，他们的遭遇和1大队如出一辙，还没靠近美军阵地就在前沿地带被发现，随之而来的是极为猛烈的炮火拦阻，好在安藤大队长紧急收兵，这才避免了重大伤亡，尽管如此，这次失败的进攻还是让安藤集成大队付出了战死了10名士兵的惨痛代价。接着，6中队也向第162步兵团反击，同样被美军拦阻炮火轻松击退。

当晚最具威胁的进攻发生在午夜过后，第3大队的10中队（中队长：龟井幸悟中尉）和第3作业队（队长：屋星隼人中尉）从埃布迪口袋附近出发，隐蔽穿过海岸公路，突然插进第146野战炮兵营B连和C连阵地，美军炮兵猝不及防，只得抄起工兵铲、刺刀

和日军肉搏，激烈的战斗持续了一夜，直到天明，日军才撤出战场，双方都蒙受了较大的损失，3大队战死15人，美军战死5人、负伤9人。一夜下来，虽然日军连续组织了3次成规模的反击，但美军利用阵地前沿布设的听音器、在第一时间发现了逼近的日军，然后发射照明弹将战场照得通亮，再组织炮火和机枪火力封锁阵地前沿，使日军根本无法靠近，除了损兵折将，进攻变得毫无意义。

即使如此，日军的反击也给美军提了个醒，比阿克对日本人和美国人同样重要。想轻松拿下比阿克，门都没有。不过，富勒还是打心眼里瞧不起日本人，认为这次反击是日本人的垂死挣扎，再过两三天，比阿克就该插满星条旗了。不幸的是，这种心态不是富勒一个人独有，不少官兵也抱持着这种看法。很快，美国人就会为他们的傲慢付出沉重的代价。

挫 折

经历了第一天波澜不惊的战斗后，第162 步兵团士气高昂，决心在第 2 天直接拿下默克梅机场。5 月 28 日 07 点 30 分，第162 步兵团又以 3 营为先锋、2 营跟进，在第 146 野战炮兵营和第 603 坦克连支援下，沿着帕莱小道向默克梅机场挺进。

09 点 00 分，3 营未遇抵抗即轻松占领了默克梅村。09 点 30 分，3 营推进至默克梅村西面 1500 码的一个交叉道时，再次和昨天的老对手——第 222 步兵联队 7 中队狭路相逢。仇人相见、分外眼红，在日军猛烈的机枪火力拦阻下，担任尖兵的 K 连根本无法前进一步。接着，松山静雄中尉率领的第 2 炮兵中队也发现了逼近机场的美军，于是直接把山炮从洞穴中拖出，对着 600 码开外的美军进行直瞄射击。在日军步炮火力联合打击下，K 连伤亡惨重，L 连重机枪小组赶上支援，也没能压制对手。甚至连第 146野战炮兵营对战线前 200 码地带进行 6 轮覆盖射击，也丝毫没有削弱日军的火力强度。看到美军进攻受挫，日军士气大振！ 10 点00 分，担任 7 中队预备队的 2 小队果断反击，一举将 K 连击退 600 码，退到海岸边上的25 英尺断崖附近！在 7 中队胜利的鼓舞下，昨夜进攻失败正撤往第 3 洞窟的 6 中队也掉过头来，参加反击。在 6、7 中队迅猛的攻击下，3 营很快被分割，L 连和 M 连陷入重围，营主力被压缩在海岸边上的纵深不到200 码、宽约 500 码的断崖地带。为了防止美军救援，第 2 迫击炮中队和第 222 步兵联队 3 大队的步兵炮群也投入战斗。在猛烈的山炮、步兵炮、迫击炮火力拦阻下，2 营几次救援都被打退。

至 11 点 00 分，日军掀起第一轮进攻狂潮。在日军的猛烈攻击下，L 连和 M 连被迫突围，强行杀出一条血路，打到海岸边和营主力会合。最惨的是和 2 营战线衔接、固守海岸公路北面梯岭的 G 连，先是饱受山炮和迫击炮火力打击，然后又被 6 队的冲锋赶出了阵地，撤退途中再次遭到炮火打击，蒙受巨大损失后，才勉强撤到 2 营战线。11点 30 分，第 162 步兵团展开第 2 次解围行动。1 营奉命从帕莱出发，向北沿着主山岭试图迂回日军侧翼，结果遭到东洞窟方面猛烈的火力阻击，行动失败。

12 点 00 分，日军又掀起第二轮进攻狂潮，7 中队在第 2 炮兵中队和第 2 迫击炮中队支援下，向 3 营主力据守的默克梅海岸地带展开猛攻，试图一举将美军赶下大海。关键时刻，第 146 野战炮兵营发挥了威力，动用全炮群在防线前沿 150—300 码之间地带编织起一道密不透风的火墙，封锁了 7 中队第 2 梯队的跟进，有力地支援了 3 营血战。在炮兵的全力支援下，3 营打退了 7 中队第一次猛攻。14 点 00 分，日军出动岩佐洋中尉的战车中队（9 辆 95 轻），配合 7 中队展开第 2 次进攻。第 603 坦克连 3 排的 M4 "谢尔曼" 坦克群顶上，在 1200 码距离上和 95 轻对射，同时在近海停泊的驱逐舰群也猛烈的炮火不断轰击 7 中队冲锋集团。为了粉碎美军的步坦协同，7 中队再次祭出肉弹战术，派出 3 支特攻队，抱着炸弹冲击美军坦克，随着 3 声巨响，3 辆 M4 "谢尔曼" 坦克被炸伤，3 名车组成员负伤。尽管如此，7 中队的第 2 次进攻仍以失败告终。

3 营被围期间，第 542 舟岸工兵团全力出动，驾驶小型登陆艇，从博斯内克机动至默克梅海岸，为 3 营运来弹药和补给，并接送伤员。正是第 542 舟岸工兵团的鼎力相助，才保证了 3 营的弹药和补给的接续，若非如此 3 营恐怕早下大海喂鱼去了。

虽然不断打退 7 中队的反击，但 3 营的处境却越来越危险，和后方联系的海岸公路被日军截断，狭窄的防线不断遭到日军猛烈的山炮和迫击炮火力轰击，美军无法随意走动。更糟糕的是，美军的舰岸通信自 15 点

00 分起突然中断。没有舰炮火力支援，仅靠第 146 野战炮兵营的炮火，无论如何也压不住日军的炮火。

眼看夜幕就要降临，1 营和 2 营始终无法向 3 营靠拢。为了避免 3 营被歼，"飓风" 特遣部队司令、第 41 步兵师长富勒少将于 16 点 00 分命令 3 营撤回帕莱。17 点 00 分，在第 603 坦克连 3 排的全力掩护下，3 营打通海岸公路，经由 2 营战线撤至帕莱重整态势。一天激战下来，第 162 步兵团阵亡 16 人、负伤 87 人。

3 营好不容易脱离了虎口，但第 162 步兵团的形势却没有丝毫改善。3 营的撤退使原本在右侧跟进、沿着海岸公路两侧逼近机场东面的 2 营战线形成突出部，无形中又给了日军实施钳形突击的绝好战机。为了继续打击美军，争取吃掉敌 1 个营，6 中队决心在 29 日清晨对 2 营侧背发起攻击，协同正面作战的 7 中队包夹 2 营。

对于比阿克支队而言，5 月 28 日是值得庆贺的一天。虽然没有吃掉 3 营，但 3 营的被迫撤退也让日军士气大振！在比阿克支队奋战的鼓舞下，上至日本陆海军大本营、下至联合舰队和南方军激起了大规模增援比阿克，与美军决战的信念。为了增援，南方军请求西南方面舰队（司令长官：高须四郎大将）出动舰艇将民答那峨岛待命的海上机动第 2 旅团运往比阿克参战。第 2 军也下令第 35 师团所属的 221 步兵联队和第 219 步兵联队立即组织兵力，采取舟艇航渡方式增援比阿克支队。

航空作战方面，海军第 23 航空战队和陆军第 3 飞行团竭尽所能，全力进行对舰攻

▌帕莱隘路。在这种地形作战，优势在守方。可惜日军被 5 月 28 日到 29 日的反击胜利冲昏了头脑，未在隘口派兵卡关，致使美军轻松占领要害，翻越了天险。

击，间接支援地面作战。其中，表现最卖力的当属第 5 飞行战队。5 月 27 日，在战队长高田胜重少佐率领下，4 架二式双发"屠龙"式战斗机前往比阿克实施对舰攻击。在博斯内克外海，他们遭到了美军密集的对空炮火和 P-47 战斗机拦截，高田少佐、冈部中尉和工藤曹长先后中弹坠海，只有松本曹长成功穿越美军防空网，投下炸弹，然后又扫射了滩头阵地，最后被美军第 208 高射炮营重创，于第 186 步兵团阵地附近迫降，松本曹长阵亡。

在比阿克支队和陆军航空兵的不懈支援下，比阿克战局开始有逆转的迹象，虽然 3 营成功脱险，但 162 团的苦难才刚刚开始。

5 月 29 日凌晨，葛目大佐带着比阿克支队本部和第 222 步兵联队 1 大队回到西洞窟。屁股还没坐热，方面军参谋长沼田中将就马上命令他出动第 222 步兵联队主力，全力反击，务求全歼滞留在默克梅机场边缘的美军（即第 162 步兵团 2 营）。一开始，葛目大佐激烈反对，第一天的夜袭失败和昨天 7 中队占尽优势都未能吃掉美军哪怕 1 个连的情况下，已经说明了美军炮坦协同的强大威力。他指出，尽管从局面上看，美军暂处劣势，但空炮坦火力却丝毫没有削弱，白昼强攻顶多只能迫敌退却、全歼绝无可能，而自己反会因此蒙受重大伤亡。对这番透彻分析，沼田中将根本不予理睬，仗着方面军

▌在南太平洋岛屿配合步兵一同作战的 M4 谢尔曼坦克，这种坦克在比阿克战役中发挥了决定性的作用。

参谋长的头衔驳回了葛目的意见，强行下令支队全军出击。不得已，葛目大佐只得执行。在他的命令下，第222步兵联队2大队和3

大队在岩佐战车中队的支援下全力反击，他自己带着1大队主力（约300人）随后跟进，担任预备队。

06点00分，第222步兵联队2、3大队进入出发阵地，完成了攻击准备。07点00分，第222步兵联队2大队以7中队为主力、3大队以10中队为主力，在迫击炮、山炮和机枪火力支援下，向2营发起第一次进攻，但被美军炮火轻松击退。08点00分，岩佐战车中队出动4辆95轻型坦克（重9吨、装备1门37毫米主炮和2挺7.7毫米机枪、车组成员3人），掩护7中队从西面、10中队从北面，向2营再次发起攻击，遭到美军第603坦克连1排迎面阻击，双方遂爆发了西南太平洋战场的第一场坦克大战。

08点02分，看到大群日军步兵在4辆95轻坦克伴随下，沿梯岭坡面涌下，朝海

▌一辆在比阿克被击毁的95式轻型坦克。

岸公路推进，正在休整的第603坦克连1排立即出动。2辆M4"谢尔曼"坦克以最快速度完成热车装弹、开到一线和95轻对射。不到2分钟，4辆95轻就各吃了一发75毫米穿甲弹，伴随突击的日军步兵也遭到162步兵团2营迫击炮群和机枪火力压制，步坦协同被美军火力轻易分割。不过，95轻的装甲实在太薄了，美军发射的穿甲弹都是穿而不炸，仅仅是在坦克两侧装甲板上留下两个对称的窟窿。眼看无法摧毁目标，M4只得换用高爆榴弹，立马奏效，4辆95轻很快变成4团火球。对射中，M4也中了2发37毫米穿甲弹，但却轻易被厚实的装甲板弹开。

看到4辆95轻被毁，心急如焚的岩佐洋中尉决定再次进攻。08点30分，他亲自率领3辆95轻沿着同样的路线、编组成同样的队形，再次向M4"谢尔曼"坦克群挑战，结局更惨，3辆95轻又化为风中残花，岩佐洋中尉战死，换来的仅仅是击中1辆M4"谢尔曼"坦克，打坏了后者的炮栓。

连续3次进攻失利，并没有让日本人气馁。12点30分，2大队和3大队发动第4

■ 在谢尔曼坦克支援下发动进攻的美军步兵。

次反击，进攻再次失败。不过，日军连续不断的反击，已经对2营形成包围态势，更糟糕的是，在日军不间断的山炮和迫击炮火力打击下，2营伤亡越来越大。显然，在没有拿下天水山和机场周围梯岭之前，贸然进攻机场只是损兵折将，日军依靠地利先是巧妙地堵住美军进攻路线，然后再从容地发动波浪式反击。虽然2营依靠强大的炮火和步坦协同打退了日军全部进攻，但自己也付出了巨大的伤亡，再战下去，恐怕真要被日军包饺子了。在这种情况下，第162步兵团团长哈内伊（Haney）上校决定放弃进攻，从帕莱小道全面撤向埃布迪和曼多姆。这是自美军在西南太平洋战区展开反攻以来第一次主动撤退。这一撤，可谓颜面尽失。但这个时候，哈内伊上校也管不了什么面子不面子，当前最要紧的任务就是让部队脱离险境。此刻，富勒少将也意识到了先前对比阿克支队的低估和162步兵团所处的险境。因此，当哈内伊上校乘登陆艇赶到博斯内克向他请求撤退时，立即获得了批准。

返回一线，哈内伊上校抓紧时间拟订了撤退计划：以战斗力最完整的1营在第641坦克歼击营D连1排（装备4.2英寸迫击炮）支援下留在帕莱断后，2营和3营分别经由水路和陆路撤退，第542舟岸工兵团负责操纵小艇和水陆两用战车接应。为了确保码头安全，第542舟岸工兵团D连（装备步枪和轻机枪）前往帕莱码头驻防，掩护撤退。

13点50分，哈内伊上校向全团下达了撤退令。10分钟后，全团开始东撤。2营（欠G连）在帕莱码头乘坐步兵登陆艇和水陆两用战车返回博斯内克。L连和I连部分兵力

■ 为了保障2营的安全撤退，美军甚至动用了大杀器——装备多管火箭发射架的特种步兵登陆舰。

也以同样的方式撤退。第162步兵团主力在第603坦克连3排的引导下，经由帕莱小道撤往埃布迪，第603坦克连1排也留下断后。撤退期间，"飓风"特遣部队所有炮兵营、2辆两栖坦克、1艘防空机械登陆艇和1艘第7舰队的特种步兵登陆舰（装备火箭炮）对第162步兵团战线前沿200码—1000码之间地带进行密集的炮轰，防止日军追击。在周密的部署和强大的炮火支援下，第162步兵团出色地撤出了帕莱小道。入夜后，第162步兵团团部、1营、反坦克连和加农炮连、第603坦克连3排、第205野战炮兵营（5月28日抵达比阿克）、第186步兵团C连和第542舟岸工兵团D连在埃布迪西面一块纵深500码、宽约1000码海岸扎营；同

时，2营也在曼多姆、3营在博斯内克扎根。这天的战斗中，第162步兵团再次蒙受重大伤亡，总计阵亡16人、负伤99人，而且还被迫撤离了机场边缘和帕莱小道。对默克梅机场群的第一次进攻就这么失败了。

对日军而言，围绕机场和帕莱小道的战斗终于打赢了。不过，结局正如葛目大佐所料，这是一场惨胜，支队最大的王牌——岩佐战车中队全损6辆95轻、1辆大破（经过抢修，又参加了随后的西洞窟保卫战），2大队战死约50人，3大队伤亡也不小，大队长须藤福美大尉重伤、官兵阵亡几十人。虽然伤亡很大，但沼田中将显然没有罢手之意，海军第28根据地队司令官千田少将更是干劲十足。在给后方的联名电报（沼田和

正在比阿克岛海滩上搬运物资的非洲裔美国士兵。

千田联名签发）中，他们对战况总结道：

5 月 29 日，敌驱逐舰 3 艘停泊在近海、滞空于比阿克的敌机旁若无人地肆意攻击，炮击和轰炸终日不停，海军部队奉命直接确保机场安全。28 日陆军夜袭结果判明，博斯内克附近之敌有正逐渐向东退却集结的征兆。29 日，陆军 9 辆战车反击即有 7 辆损失，陆海应紧密协力，陆军主力必须集中兵力西进抓住战机，歼灭敌人。

在比阿克支队连战连胜的同时，又一个好消息传来。当天，陆海军大本营批准了南方军提出增派海上机动第 2 旅团增援比阿克的请求，并向联合舰队司令长官丰田副武大

将下达出动舰艇全力支援作战的命令。接到大本营的命令后，丰田大将立即下达了实施第一次浑作战的命令，出动舰艇运载海上机动第 2 旅团增援比阿克。

与此同时，美军也做出了增兵决定。

早在第 162 步兵团 3 营被迫撤退时，"飓风"特遣部队司令、第 41 步兵师师长富勒少将就已经意识到比阿克战局的复杂。经过慎重的评估，他认为除非先行攻克默克梅机场群周围梯岭和天水山，否则沿海岸公路进军无法取胜。5 月 29 日，随着第 1 次机场之战的彻底失败，他更是意识到了增兵的急迫性。当天，他向远在荷兰地亚的克鲁格中将提出了向比阿克增派 1 个步兵团、1 个 105 毫米榴弹炮营、1 个战斗工兵营和 1 个

坦克连的请求。

此时，克鲁格中将也意识到了比阿克的危险，决定从瓦克德—萨尔米战区抽调第163步兵团2个营、1个155毫米榴弹炮营（第947野战炮兵营），以及1000人10日份口粮和3个基数各型弹药运往比阿克。为了防止在163步兵团赶到前日军再度发动大规模进攻威胁博斯内克滩头阵地，克鲁格中将甚至命令第503伞兵团前往荷兰地亚，准备在最紧急时刻空降比阿克。幸运的是，比阿克支队在连续不断的反击中自身也蒙受了很大的损失，没有组织起足以威胁博斯内克的大规模进攻，503伞兵团终未参战。

受到28日和29日两次反击得手的巨大鼓舞，方面军参谋长沼田中将、海军第28根据地队司令官千田少将和比阿克支队长葛目直幸大佐又在5月30日凌晨就当前战局在西洞窟召开紧急会议，讨论下一阶段作战方案。会上，葛目大佐一改先前谨慎态度，主张乘胜追击、摧毁博斯内克滩头阵地，理由有三：第一，美军的全面进攻已然受挫，士气不振；第二，应趁敌退却迅速追击，彻底打垮美军士气，促其崩溃；第三，海上机动第2旅团即将赶到战场，故更应该积极进攻，不能把成功都留给他们。急于建功的沼田中将和千田少将同意了葛目大佐的意见。于是，葛目大佐下达了5月30日的作战命令，第222步兵联队2大队沿着帕莱小道打扫战场，3大队继续固守埃布迪口袋，支队本部和1大队、安藤集成大队一道赶赴曼格洛，向博斯内克发起总攻击。

不过，天公不作美，从04点00分到16点00分，比阿克倾盆大雨，严重阻碍了

正在沿着比阿克岛南部海岸向西前进的第162步兵团士兵

1大队行军，直到黄昏时刻，各路大军才勉强赶到曼格洛外围丛林。由于准备不足，葛目大佐把总攻推迟一天，改为5月31日夜到6月1日凌晨。尽管如此，第47定泊场司令部的大曲队（大曲大尉以下9人）和安藤集成大队所属的高桥小队还是在当夜进行了决死冲锋，大曲队阵亡8人，仅得1人生还，高桥小队倒是全身而退，但没有取得战果。

虽然比阿克支队当天作战规模不大，可后方却是一片热闹。海上机动第2旅团在三宝颜集结完毕，准备搭乘舰艇在6月3日夜突入比阿克。与此同时，第2方面军司令官阿南惟几大将也急电第2军司令官丰岛中将："应以一部兵力增援比阿克。"根据这封电报，丰岛军司令官于17点30分命令驻索龙地区（距比阿克最近的日军师团级守备区）的第35师团长池田少将出动1个步兵大队和第222步兵联队5中队（中队长：引地一男中尉），乘坐大发增援比阿克。经过研究，池田少将决定抽调第221步兵联队2大队（大队长：小泽久平大尉）和第222步兵联队5中队一起增援比阿克。

趁着比阿克支队没有大的动作，"飓风"特遣部队司令富勒少将决定为下一期的总攻展开先期行动。5 月 29 日夜，"飓风"特遣部队司令部拟订了新的作战计划：第 162 步兵团在埃布迪西面建立新防线的同时，应不断派兵深入埃布迪背后的海岸山岭地带，寻找翻越山岭进入内陆平原的捷径，为下次进攻做好准备。第 186 步兵团除了 1 营留在曼多姆，拱卫"飓风"特遣部队司令部外，2 营负责博斯内克防务，3 营翻越博斯内克北部珊瑚岭，拿下半成机场。一旦第 163 步兵团到位，立即接过固守滩头阵地重任，然后集中第 186 步兵团全部兵力，经由半成机场，翻山越岭，向西对默克梅机场群展开迂回攻击。

根据这个计划，第 162 步兵团于 5 月 30 日到 31 日派出多支巡逻队深入埃布迪背后的海岸山岭侦察地形，结果找到了穿越海岸山岭的两条土人道：东面的"老人道"——始于曼多姆西 1200 码的海岸公路、几乎是东向一路穿过整个海岸山岭；以及西面的"若人道"——始于"老人道"西面 1200 码，这条道虽也穿越整条山岭直通内陆平原，但曲曲折折、十分难走。除了找到这两条小道外，162 团还发现从博斯内克到帕莱小道的海岸山岭，实际上是由 7 座陡峭的珊瑚岭组成，山高 50—75 英尺，这些山岭间密布岩洞和岩缝，覆盖着厚 8—20 英寸、高达 100—150 英尺

的浓密热带雨林。此外，第 162 步兵团还在"老人道"起点附近发现了一处水源，于是立即派遣团属加农炮连和 1 个工兵排进驻。在加农炮连的掩护下，工兵排成功地建立起了水源补给点，为下一阶段深入内陆作战提供了有力的饮水保障。在这些行动成功的背后，162 步兵团也克服了不小的困难。在侦察老人道过程中，他们遭到了井上掩护队（约 40 人）的阻击，激战半天，美军巡逻队歼灭了对手，完成了侦察任务。5 月 31 日 09 点 00 分到 12 点 00 分，第 162 步兵团先后遭到第 222 步兵联队第 3 迫击炮中队（中队长：平野兴一中尉）所属的千田、吉本两小队，第 222 步兵联队 10 中队的宫坂小队（宫坂光俊少尉）和第 36 师团海上运输队之辛川小队的反复攻击。在强大的炮火支援下，162 步兵团轻松击退了这些进攻，占领了第 1 岭和第 2 岭。在两天的战斗巡逻中，第 162 步兵团共阵亡 6 人、负伤 21 人。

与此同时，第 186 步兵团也没有闲着。

■ 建立在比阿克海滩上的滩头基地 BASE H 和所属的战地医院。二者的建立象征着美国已经在比阿克站稳了脚跟，日本人迟早会被彻底消灭。

5月28日，第186步兵团2营翻越博斯内克北部珊瑚岭，未遇抵抗即轻松占领了奥皮阿雷弗。5月30日，2营更是向半成机场发起攻击。由于比阿克支队主力都已西调参加对第162步兵团的围攻，压根没想到美军会乘虚攻打半成机场，仅留下战斗力薄弱的台湾军夫把守，结果在2营猛攻下，不到1个小时半成机场就落入美军之手。3天战斗下来，第186步兵团仅以阵亡2人、负伤18人的微小代价，就成功地夺取了奥皮阿雷弗和半成机场，在比阿克支队防线西翼（相对的，美军是东翼）撕开了一个大口子的同时，也极大减轻了第162步兵团的压力，使战场主动权再次回到美军之手。

面对第186步兵团在博斯内克地区迅猛的发展，比阿克支队内部对战局的分析开始出现分歧。葛目大佐认为战场主动权再次倒向美军，若要避免未来的危机，必须不惜一切代价夺回半成机场。可沼田中将却不这么看。他认为5月28日和29日的反击已经把美军打残，夺取半成机场只是美军显示自己存在而已。他同意葛目大佐的反击，但反击的目的不仅仅是夺回机场，而是要趁美军援军尚未到位（其实163步兵团已经赶到战场），聚而歼之。于是，葛目大佐又把进攻时间再推迟到6月1日，他严令第222步兵联队1大队要不惜一切代价夺回机场。

对比阿克支队而言，5月31日真可谓诸事不顺，不仅原本认为好转的战局再次恶化，连海上机动第2旅团的增援行动也遇到了困难，因舟艇数量不足，原定6月3日夜的突入时刻必须推迟到6月4日。唯一让比阿克支队心宽的消息就是小泽大队（第221步兵联队2大队）在当天黄昏从马诺夸里起航，前往诺埃姆福岛和第222步兵联队5中队（中队长：引地一男中尉）会合。

相对日军增援部队的低效率，美军的增援部队却在5月30日和31日成功登陆。至5月31日18点00分，第163步兵团团部、1营、3营和团属反坦克连全部进入指定阵位，和第186步兵团换防完毕。在比阿克支队还在苦苦等待援军的时候，美军又一次挥起了利剑！

（未完待续）

彩虹舰队

德国公海舰队
斯卡帕湾自沉事件

作者：吴嘉凯

■ 1918年8月末，德军发起第二次马恩河会战，9月初即告失败。德国政府向协约国递交停战协议，其中涉及了德国海军处理问题。

1918年，一战西线战事进入最后阶段。8月末，德军集中兵力发起第二次马恩河会战。直到9月初，最终迫于协约国方面反击压力节节败退。10月5日，德国政府向协约国递交了停战协议，协约国与德国在之后展开了一系列停战细节的讨论，其中最重要的议题就包括战后德国海军改造的问题：交战双方都很清楚，这支当时世界第二强（仅次于英国）的海军将会是双方达成和平条件的关键一环。

此刻，德国海军部也意识到，1918年7月末陆军在马恩河的失败将意味着战争会很快结束。但是不同于陆军，海军仍然拥有非常强大的水面力量，虽然海军曾一度遭受挫折，但是仍然远远没有被击败，并且拥有着完整的组织结构。德国虽然无法依靠海军单独挽回战败的局面，但是完全有能力为未来的和平谈判争取更多筹码。为此，海军部曾制定过一份对英国海港的突袭计划，这个计划内容大致如下：机动性高的轻巡洋舰和驱逐舰从比利时港口出发，对英国泰晤士河口发起一系列突袭，借此吸引停在苏格兰基地的英国大舰队（Grand Fleet）南下。届时德国海军将在英国舰队增援的航道上铺设水雷区，大批德国潜艇将悄悄等待着他们的猎物出现。当英国舰队历尽千险赶到预定交战区时，希佩尔（Hipper）海军上将将指挥德国公海舰队的每一艘主力战舰和辅助战舰与其进行决战。这次决战的目的是削弱甚至瓦解英国大舰队，更深一步目标是为德国在和平谈判中赢得更为有利位置。可以说，这个计划是非常大胆的、富有冒险精神的，如果成功，注定会改变一战后的历史进程。

经过数年来不断的挫折，德国方面为维持这支长期收缩在港口内的舰队花费了大把金钱，在这一最后的关键时刻，实值得让他们发挥自己的价值。虽然对于时间上来说，在1918年下半年执行这一计划可能太晚了，但是理论上一旦实施，德国肯定会成为最后的赢家。这一计划最精妙之处，就在于无论失败与否，都不会妨碍和平谈判的进程，而只会单纯地对英国大舰队造成严重损失。换句话说，这份计划绝不是疯狂的

■ 弗兰茨·瑞特·冯·希佩尔（1863~1932）。他凭借着在多格沙洲海战和日德兰海战中的优异表现被封为巴伐利亚王国的贵族，1918年8月接替舍尔出任公海舰队司令。当德国战败后，希佩尔亲眼目睹了公海舰队向英国人投降。

最后一击，也不是普鲁士军官团为荣誉而做出的绝望赌博，这是结合了战略和战术的结晶。毫无疑问，大舰队的损失将对英国构成史无前例的威胁。

更令人意想不到的，德国海军确实曾执行过这个计划：1918年10月份，德国潜艇部队逐渐停止袭击苏格兰东海岸商船，开始悄悄集结在英国大舰队基地附近伺机而动。部分潜艇被英国发现并遭到击沉，这也或多或少地让英国人感到德国人的偷袭阴谋。英国方面也大致能够推断，德国海军将英国大舰队看作和平谈判的重要筹码，但是他们仍然自信德国舰队不会冒这个险，因为他们认为德国人不会让自己的舰队再次受损失。在战争将要结束时，英国大舰队更多时候会待在港口内不做任何事，他们只需要在必要时刻出现在海面上发挥重要象征意义而已。

10月29日，德国公海舰队主力战舰集体出海，到席勒航道上的预定集结点集合。这次集结规模之大，甚至超过了日德兰海战中的规模。此次集结行动集结了超过22艘主力战舰，12艘轻巡洋舰和每队17艘、编为7组的驱逐舰/鱼雷艇（德国对驱逐舰称呼为"鱼雷艇"，以下统一称为"驱逐舰"）群。但是在1918年的10月份，德国海军想要执行突袭计划实际上更多的是在自寻死路了。此时的舰队早已不是日德兰海战中的那支雄师了，现在的公海舰队只剩下一具皮囊，内里可以说生气全无。除了士气低落、战斗损耗和船员普遍厌战情绪之外，更致命的是部分主力战舰上爆发了兵变，并很快传播开来，希佩尔及时采取措施暂时压制了兵变制造的影响——当时两艘主力战舰上部分船员

■ 停泊在基尔港内的德国公海舰队。在第一次世界大战期间，虽然公海舰队未能建立功勋，但也始终未受任何严重打击，若非后来的兵变和德皇退位，本应是德国最好的谈判筹码。

■ 一战期间停泊在港口内的德国潜艇。协约国同意与德国签订停战协议的一个重要前提就是德国方面将潜艇全数交给协约国。

拒绝执行航行命令，希佩尔立即派出一艘潜艇和 5 艘驱逐舰将两舰包围，同时命令各舰鱼雷管上膛，在距离两艘兵变船只很近的位置上列出阵线警戒，部分战列舰上的火炮开始转向兵变船只。不久之后，兵变士兵在最后通牒下达后乖乖投降，被押往威廉港监狱内看押。经历过这次兵变事件，希佩尔也终于认清了形势，最后下令放弃集结行动返回基地。当第 3 战列舰中队关押部分兵变者返回基尔港时，岸上爆发了规模更为庞大的兵变活动。

11 月第一个周末，基尔港和威廉港——当时德国两个最主要的海军基地，爆发大规模的兵变。革命士兵仿照俄国模式成立了工人与士兵委员会。革命规模迅速扩大，

转眼间红旗就插遍了北海与波罗的海之滨，其规模甚至一直延伸到了汉堡，这让外人看来似乎俄国十月革命中的情景正在德国再次上演。这些革命者是真正的"革命者"，不同于西线的陆军，海军兵变士兵希望对国家造成一次前所未有的冲击，没有人在乎法律与命令，而同时期的西线陆军只是消极怠战而已。

海军兵变对德国本土造成了极大的影响，引发了全国很多地方的暴乱，其中以柏林和慕尼黑尤甚。此后不久，全国各地仿照苏维埃样式的共和国纷纷成立。身为革命重灾区的德国海军，两个主要的海军基地也在革命怒火中受到了极大的冲击，这让德国几个主要港口仅能达到勉强维持的状态。为了

▌公海舰队的水兵。在战争末期，德国水兵由于常年缺乏战斗行动，士气低落，再加上战局恶化，最终爆发了兵变。

缓和混乱局面，11 月 4 日，也就是一战正式停战一周前，德国政府颁布了一道法令，其中就声明海军将不会被作为筹码出卖掉。

▌1918年10月29日至11月3日，基尔港爆发起义。4万名海员认为德国在战争中大势已去，于是抗拒海军的出兵命令，之后一系列的暴动致使德意志帝国威廉二世政权被推翻以及魏玛共和国的建立。

但是对于早已士气无比低落、频繁兵变的海军来讲，他们已经认定了这支世界第二强大的舰队可能随时被无情的撕碎。

值得一提的是，大部分海军军官仍然保持着很高的荣誉感，他们对兵变的行为感到非常耻辱和绝望。1918 年 11 月初，部分军官偷偷驾驶 U18 潜艇出海，希望对停泊在斯卡帕湾中的英国大舰队发动自杀式袭击。这是一战爆发四年以来德国海军仅有的一次对英国海军基地突袭行动。不幸的是上帝显然没有眷顾这些孤胆英雄，U18 潜艇在苏格兰海域被英国皇家海军的脱网渔船发现，随后遭到驱逐舰撞击而沉没。

面对国内革命压力，德国政局出现翻天覆地的变化。11 月 9 日，皇帝宣布退位并

▌凡尔赛的协约国代表，从左至右分别是英国首相劳合·乔治、意大利首相奥兰多、法国总理克里孟梭、美国总统威尔逊。从某种意义上来讲，正是这些政客们不切实际的安排，最终导致了德国舰队的自沉事件。

流亡荷兰，两天之后，停战协议在法国北部贡比涅森林中签署，这一天也是一战正式结束的日子，正式的和平协定在 1919 年 6 月 28 日于凡尔赛签订。从停战协议到和平协议的这段时间，德国同协约国谈判、协约国内部之间对最终和平条约进行了一系列的修改和增订。

11 月 11 日签订的停战协议中，第 21 条就要求德国海军投降并交出全部的潜艇，这一条款中提到 5 个协约国家：英国、法国、意大利、日本和美国对此已经达成共识。作为诚意的表示，德国在停战协议签订后两周内交出了大约 200 艘潜艇（其中大多数潜艇已经报废），这些潜艇很快被战胜国瓜分。潜艇瓜分完毕后，英美法三国很快就为德国水面舰队的分配问题发生激烈的争执，这种

争执一直延续到和平协议最终签订。

在短暂的争论过后，英法美三国代表暂时提出了一个德国海军暂行安置方案：德国港口将由协约国全面监督；德国海军将被解散，并交出总计 74 艘战舰，包括 10 艘指定的战列舰、6 艘指定的战列巡洋舰、8 艘指定的巡洋舰和 50 艘最先进的驱逐舰。协约国内部对最终以何种名义交出这些战舰存在争议。英法两国海军希望这些舰艇上的船员全部投降并将军舰交给协约国，而美国仅希望德国象征性地派出 10 艘战列舰停在中立港口中保管。这一分歧在协约国海军协会看来压根不值一提，当时协约国新成立了一个战争参议院（Supreme War Council），首脑包括英法两国首相劳合·乔治和克莱蒙梭，以及美国总统威尔逊的代表豪森（House）

上校，这个协会最终敲定德国舰队的战后命运：协约国指定的 74 艘德国军舰将被连同船员在内遭到囚禁，他们最终的命运将在和平协谈判中决定。三国海军同这个"政客协会"争辩了一周之久，最终海军勉强同意了政客们的意愿。虽然三国海军接受了囚禁德国舰队这一结果，但是他们坚持要求这支德国舰队绝不能再返回德国，这一点得到了政客们的许诺。

关于协约国将囚禁德国舰队 74 艘舰艇的条款写进了停战协定的第 23 条，这条内容如下：

德国水面舰队听从协约国和美国的指派，准备囚禁在中立港口。如果此方案无法执行，将被囚禁在协约国港口。具体情况将由协约国和美国指定……

连同船员在内囚禁一支舰队的方案显然是以政客的角度去考量的，因为德国舰队被囚禁在中立港口内可能更符合政治需求，但如果从实际的海军角度考量，执行起来是非常困难的：很显然，中立国港口监督一支海军舰队的水平非常有限，这将难以阻止德国海军自行破坏舰队的行为，更无法阻止舰队冲破阻拦逃跑的企图，这些潜在的威胁无法让任何一个中立国接受。协约国曾就此接触过仅有可能完成这项任务的中立国家——西班牙，但是很快遭到了对方的否决。

在和平协定生效期间，协约国能想到的合适港口只有斯卡帕湾，这是英国大舰队的基地——只有这个军港才能履行囚禁德国舰队的任务。11 月 13 日，协约国内部确定了将斯卡帕湾作为德国舰队囚禁地的决定，具体的任务执行由英国大舰队司令戴维·贝蒂（David Beatty）元帅全权负责。

对于协约国海军方面而言，他们思想上对政客们的这些安排是抵触的。英法美美海军方面普遍抵触囚禁德国舰队的行为，支持要求德国舰队投降并重组的做法，这样可以从实际角度出发，防止德国政府拒绝签订和平条约，或德国舰队发生自己凿沉的情况。囚禁德国舰队将意味着德国人仍然控制着船只，而协约国看守部队不能登船，因为从国际法来说，德国舰队只是被囚禁，这支舰队仍然属于德国财产。不管协约国海上巡逻如何保持警惕，任何一名海军军官都清楚，只要船只打开通海阀就会很快沉没，到时候协约国将只能眼睁睁地看着舰队沉没而毫无办法。

考虑到从来没有囚禁舰队的先例，为了尽量减少自沉发生后带来的损失，囚禁舰队的下锚地将会尽量选择在浅水区域——这样一来将会打消舰队自沉的想法，因为船只在

■ 英国大舰队司令戴维·贝蒂，曾参加过镇压中国义和团起义的战争，第一次世界大战期间主要参加过赫尔戈兰湾海战（1914 年）、多格尔沙洲海战（1915 年）、日德兰海战（1916 年）。

■ 1918年末，基尔港内的起义士兵正持枪在街头巡逻。

浅水区域自沉将会很快触底，最坏的情况不过是侧翻。尽管斯卡帕湾港内水况类型多样，但是浅水区的面积并不大。考虑到德国舰队自沉的可能性，停战协议第31条还这样明确规定："在疏散、交付或归还前，船只或仪器不能受到破坏。"

实际上，德国海军在获知停战协议的条款的那一刻就曾经考虑过自沉的想法。虽然当时还没有决定舰队的去留，但是几乎每个人都会预料到这将会是个"既成的事实"。

11月11日，协约国在停战协议海军条款中附加了一条恐吓性的条款。条款明确指出，如果这支指定的舰队在11月18日没能做好出行准备，协约国将在停战协议签署7天后夺取赫尔戈兰岛。这一恐吓条款是在11月11日被德国方面收到的，如果港口内的革命组织暂时收敛他们的行为，条款执行起来将并不会困难。

恐吓条款对于革命组织产生了非常大的效力，港口内工人与士兵委员会组织动员了大批船员加入准备工作，主动起草和传达了这个条款内容。不仅如此，他们还在港口内呼吁每个人要尽自己最大努力维护祖国的利益，一定要让舰队及时出发，用他们的宣传标语来说，"如果我们履行这些条件，那么当和平来临时舰队仍然会返回德国；如果我们没有履行这些条件，那么英国人很快就会到来，永远夺走我们整支舰队，并且炮轰威廉港。"

德国舰队的起航准备很快在北海两岸狂热地开展起来。11月12至13日，英国大舰队司令贝蒂给德国公海舰队发来一条电报，电报要求德国方面派出一名海军将官乘坐轻巡洋舰前来磋商行动。13日下午，雨果·莫伊雷尔（Hugo Meurer）海军少将乘坐"柯尼斯堡"号轻巡洋舰离开威廉港。当天天气平静，巡洋舰迂回了大约430海里规避航线上的雷区，一番周折后到达了与英国人预定的地点。这个约会地点位于五月岛（May Island）东面50公里处的福斯湾。当船经过日德兰半岛时，一艘中立国丹麦的巡洋舰向"科尼斯堡"号巡洋舰鸣炮致意。由于"柯尼斯堡"号已经解除了武装，所以就没以同样的方式回礼，但是用了信号旗向对方表示了歉意与感谢。14日，巡洋舰的航海日志记载，该舰遇到德国U67号潜艇，这艘潜艇询问了很多德国本土发生的事情。

不久之后，"科尼斯堡"号巡洋舰与英国皇家海军第六轻巡洋舰中队的5艘巡洋舰汇合，这支英国舰队还拥有一支由10艘驱逐舰组成的护航编队。在这支小舰队护送下，"柯尼斯堡"号于15日夜进入福斯湾。同一天晚上，莫伊雷尔应邀登上贝蒂的旗舰"伊丽莎白女王"号战列舰，随莫伊雷尔登舰的还有三名参谋和一名副官。英国方面，

贝蒂直截拒绝了德国工人与士兵委员会派来的三名代表，他声称不会接纳任何未经英国官方承认的政府代表团。这三名革命代表只能请求莫伊雷尔代表他们进行谈判。之后，贝蒂向莫伊雷尔提出，后者将会被认定为整个德国海军的全权代表，莫伊雷尔对此的回复非常谨慎，他表示自己仅代表公海舰队司令部，此行主要目的是说明停战协议执行中的困难，并希望得知贝蒂的真实意愿。贝蒂则露出了十足的自信，他宣布自己可以代表整个协约国海军舰队，同时以命令的口吻要求莫伊雷尔马上发电报给德国本土以征求全权代表的权力，由莫伊雷尔带来的德国舰队拘押细节方案将在次日清早9时30分之前得到答复。

11月17日双方进行的三次会议中压根

■ 一幅反映当时德国公海舰队代表莫伊雷尔前往英国大舰队同贝蒂进行商谈的画作。

没有任何讨论，只是由英国发出了一系列命令。对于德国提出的要求，英国方面仅有的有限让步就是主力战舰解除武装的方式——英国方面之前希望德国舰炮能够移除炮闩，但是莫伊雷尔指出这势必会需要拆掉整个炮塔。贝蒂对此最后勉强做出让步，如果在没有充足时间的情况下不宜采取如此极端的方式，可以接受其他方式解除武装。经过三次"会议"之后，德国停战委员会发来一份电报，同意了莫伊雷尔全权代表德国海军的请求。在第四次，也是最后一次会议中，贝蒂宣读了双方达成的没收德国潜艇并囚禁水面舰队协议，莫伊雷尔随后在文件上签字。17日凌晨3时30分，这位"投降将军"满怀愁云地乘坐"柯尼斯堡"号返回德国。

事后，莫伊雷尔不忘对这几次会谈发表自己的真实感想："这些会谈都是由贝蒂主导的，他是一个非常拘谨而有效率的人，他对你绝不可能有任何的妥协。所有问题的答案都是未经双方讨论，但是都是对他绝对有利的……"莫伊雷尔带回的这些条款，在考虑到船员们荣誉的问题时都被"很残酷地拒绝"。这些冰冷的文字对德国海军"悲惨的地位没有丝毫的同情和让步"，莫伊雷尔在他的报告中如此记录。返航途中，莫伊雷尔通过巡洋舰上的无线电向德国本土传达英国人的主要命令，还为威廉港带回了很多英国人的纸面条令用来执行。这些条令中很多细节问题明显是由英国参谋们紧急完成的，但是文件最终并没有具体指出德国舰队最后的下锚地（实际上协约国早已经私下里将下锚地定在斯卡帕湾）。

此时此刻，德国公海舰队司令部所在地威廉港内，没有任何人相信舰队可能在规定时间内做好出航准备。尤其在这一特殊时期，虽然军官们富有指挥经验，但是他们的权威遭到了革命组织的严重削弱。协约国威胁要占领赫尔戈兰岛的消息已经在舰队中传播开，此时军官们拼命维持秩序，全力协调着解除武装、完成补给的任务，他们那无畏的身影频频出现于准备工作的最前线。现在也许只有军官仍然在延续着普鲁士军人的优良传统，无论在何种情况下，海军军官们仍然坚决执行着自己的责任。但是与此同时，他们也遇到比战败更为屈辱的处境：作为对革命者的妥协，军官们不得不佩戴士兵委员会要求的特殊肩章、佩剑和军衔标识，他们

■ 离开皇宫的德皇威廉二世，在他退位之后，全德国陷入了混乱，舰队也不能免于其外。

■ 为了准备最后一次出航，德国水兵正在从一艘军舰的炮塔内卸下弹药放到岸边。

■ 正在解除武装的德国舰队。

不断遭到革命者的辱骂与殴打，因为在革命者看来，削弱军官权威是"通过对原有的服从和纪律进行全面破坏来完成海军的彻底革命"。革命者这些疯狂的行为很快造成了军纪涣散的情况，最终结果是无政府的混乱状态。赫尔曼·科德思（Herrmann Cordes）是斯卡帕湾囚禁期间驱逐舰编队总司令，他曾在报告中提到，囚禁期间整支舰队都会是个耻辱，因为德国船员大都显得毫无纪律可言，外表更是凌乱不堪。

一战结束 60 年后，曾经在"皇帝"（Kaiser）号战列舰上服役的士兵维尔纳·勃兰登堡（Werner Braudenburg）回忆起舰队上这些耻辱的情景："帽徽上白黑红相间的旗帜（第二帝国国旗）被涂成了红色，军官们被强制摘掉原有的军衔肩章，如果谁要抵抗这些命令，肯定会受到革命者们兽性般的殴打，这就是帝国海军走向灭亡的开始。"

■ 从战场上复员归来的德国士兵，他们中一部分人在战后的混乱中成了各政党帮派的打手。

洽的莫伊雷尔，因为他是唯一与英国人有接触的海军军官。但是到最后，希佩尔还是将舰队指挥权交给了战争中表现出色的路德维希·冯·鲁伊特（Ludwig von Reuter）海军少将。

在完全混乱的情况下，尚执行命令的海军船员们为了完成英国人指派的解除武装命令，只能将船上拆下来的装备，其中包括火炮、火控设备、测距仪器、弹药、轻武器甚至信号旗胡乱地堆在岸上。那些早已失去纪律的德国船员们表现出了毫无节制的破坏欲，这让舰队进一步虚弱。另一方面，德国海军现在对解除武装的这份尴尬"技术活"也是一筹莫展，因为没有多少人熟悉这些"如何将火炮炮闩移出炮塔"的工作。

"革命政府"负责威廉港内调度工作的是"奥尔登堡共和国总统"斯托克·昆特（Stoker Kuhnt）和他治下的第21工人与士兵委员会。但是这些革命者们对舰队"拆迁"工作并不热心，他们更钟情于掠夺仓库内的物资，这些掠夺行径加重了港内食品紧缺的情况。这些人的喜好最明显不过——在军官食堂内暴饮暴食和纵酒狂欢。

随着最后出航期限的临近，公海舰队司令希佩尔也特别为这支将要离开祖国的舰队物色好了一名可靠的"主人"，他原本想要将这支舰队指挥权交给前去同英国接

鲁伊特简介

鲁伊特是家里的第五个孩子，同时也是第三个男孩。他出生于一个军人世家，父亲在1870年的普法战争中以上校团长身份战死于沙场，鲁伊特在父亲阵亡次年出生。他与两个哥哥在成年后一起成了将军，他的三个儿子也都成了纳粹德国的军官，其中两人在陆军服役，一人在海军服役。鲁伊特的童年在德国科堡渡过，1885年，16岁的鲁伊特以候补海军军官学员的身份正式加入帝国海军。一年后晋升为候补少尉，1888年晋升为海军中尉，四年后晋升为海军上尉。鲁伊特单独指挥舰艇的生涯是在1901—1902年期间，他成了部署在爱琴海的"罗蕾莱"（Loreley）号炮艇艇长，两年后在这一岗位上晋升为少校。

1908年10月，鲁伊特进入柏林的帝国海军办公室成为一名参谋军官（中校），当时的德国海军正在加速扩张，军官的晋升速度也随之加快，仅仅8个月后，鲁伊特就成功晋升为上校。1910年6月，他再次回归海洋，成为"约克"号装甲巡洋舰舰

路德维希·冯·鲁伊特

长。这艘巡洋舰以19世纪的普鲁士将军命名，鲁伊特也为之后出生的大儿子取了这个名字。

1912年10月，鲁伊特回到岸上继续做起文职工作，成了威廉港海军船坞核心部门的领导者。在这一岗位上待了两个月后一战爆发，他再次成了德国海军"德福林格"号（Derfflinger）战列巡洋舰船长，这是德国海军当时最先进的主力战舰。鲁伊特指挥"德福林格"号参加了不少著名海战，比如1914年12月英国斯卡伯勒海域海战，1915年1月由希佩尔指挥的战列巡洋舰编队与英国战列巡洋舰编队在苏格兰北部与丹麦之间展开的多格尔沙洲之战，鲁伊特在此期间因出色的表现获得一级铁十字勋章。一年后，他离开"德福林格"号成了由老式轻巡洋舰编成的第二侦查大队指挥官，在这一职位上干了两年。他参加的另一次著名会战就是日德兰海战，当时

他指挥编队同英国巡洋舰编队展开作战，虽然他的大队损失了一艘船只，但是却重创了英国旗舰"南安普顿"号巡洋舰，该舰由鲁伊特的旗舰"什切青"号的炮火命中，为此他又赢得了两枚勋章。

1916年11月，鲁伊特晋升为海军少将，一年后成了第四侦查大队司令，该大队下辖6艘当时德国最先进的轻巡洋舰，（旗舰是"科尼斯堡"号，就是搭载莫伊雷尔前去会见英国人的那艘）。在晋升为少将之前的8天，鲁伊特参加了他最后一次海战，那是一场异常惊心动魄的战斗。1917年11月17日，鲁伊特指挥4艘轻巡洋舰，在10艘驱逐舰的护卫下进入北海执行扫雷任务。他们在任务开始后不久就遇了占有绝对优势的英国主力舰队，这支英国舰队包括数艘战列巡洋舰、战列舰、巡洋舰和驱逐舰，总计有超过24艘舰艇。此时距离最近的德国主力舰艇也仅有2艘战列舰，需要大约两个小时才能赶到。但是在鲁伊特精彩的指挥下，在这样一场看似无望的战斗中德国方面却仅损失了一艘脱网渔船。在指挥舰队撤退的行动中，鲁伊特刻意地将英国舰队引向雷区，最终迫使英国人终止追击。在这场惊心动魄的海战中，鲁伊特的旗舰"柯尼斯堡"号被一发15英寸炮弹击中，幸运的是这只是一枚哑弹，战后，这枚哑弹成了鲁伊特的私人纪念品长期保存在家中。

在他的孩子们眼中，鲁伊特是一个非常"普鲁士"的军官，他拥有着荣誉与责任观念、强烈的风险与独立意识。鲁伊特公开宣称自己是一个君主主义者，在他1939年七十

大寿时还曾收到过威廉二世发来的祝寿电报。鲁伊特是职业军官和绅士的典范，他非常关心下属的福利问题，这也是他深受下级爱戴的原因。他同时也是一名智者，毫无疑问，鲁伊特是一个值得尊敬的英雄，是一个令人钦佩的老派人物。

事实上，鲁伊特接受的这一委任并不能当作是一道命令，而更应该被当作一个请求。此时此刻，鲁伊特决心以祖国忠仆的身份服从国家意志，他怀着一种军官的荣誉感接受了这样一个令人厌恶的任务。此时的德国海军除了革命组织的这一内忧，外患也同样严重：正如前文所提到的，协约国威胁如果舰队指定日期内未能做好出航准备，将随时抢占德国的赫尔戈兰岛，如果该岛被他国占领，将意味着海岸线被彻底封锁，这对于祖国来说会是一场彻底的灾难。此时的德国政府仍然抱有一线美好的愿望——如果舰队按照要求及时出海，德国政府将在停战谈判中坚持要求舰队归属德国，那么这支舰队还是有希望返回德国的。

按照与英国人协商的结果，德国舰队在进入最终囚禁地之前必须前往英国福斯湾，在此由协约国验证是否已经解除武装，之后会由鲁伊特亲自指挥战列舰编队进入协约国安排好的"未知港口"，然后着手削减船员人数以达到舰队日常维护与保养的最低水平，完成这些任务后鲁伊特将被遣送回国。如果这一切进行顺利，和平会在圣诞节前降临。

鲁伊特在回忆录中曾提到"在前往斯卡帕湾的路上，一种奇怪的感觉很快就占据了

■ 赫尔戈兰岛位于威廉港北面北海出海口，是控制德国北部航道的重要战略要地。

我的内心，我决心让公海舰队发挥它最大的价值。"事实上，他已经预感到英国人会"背叛"德国海军。"如果这种'背叛'真的发生，那么我就将自由行动，我将可以命令我们的舰队做任何事，包括自沉。"

舰队出发前一刻，威廉港内危险的革命演讲活动仍然没有减弱的迹象。11月18日中午，鲁伊特正式获得舰队的指挥权，他下达的第一份指令就将矛头指向了舰队中的革命士兵："从今天开始，我被任命为移交舰队司令官；我坚信，我也同样是船员中的一分子。我相信在移交舰队过程中，每个人都会认真履行他们的职责，祖国在期盼着早日的和平。"同一天，鲁伊特与莫伊雷尔同接管威廉港的革命组织——第21士兵委员会代表们进行了舰队各项事宜的谈判。

会后，莫伊雷尔私下告知鲁伊特，他凭借与英国人的会议判断，英国人不会让舰队前往中立港口，而是很有可能被派往协约国控制的港口。包括鲁伊特在内，所有德国人都会将这种安排视作破坏停战协议的行为，因为这明显与停战协议第23条主旨相违背。

虽然条款中说明舰队将被囚禁在中立港口，协约国这样做无论在道义上还是原则上都破坏了中立的原则，但是德国人在战败国的角度来看只能听之任之。

为更好地执行舰队指挥，鲁伊特精选了一个属于自己的小参谋团队。这一团队包括：参谋长伊万·奥尔德坎普（Ivan Oldekop）少校、恩格曼（Angermann）少校、翻译官冯·弗罗伊登莱希（von Freudenreich）。另有两名副官：威尔曼（Wehrmann）和塔普尔斯基（Tapolski）。

11 月 18 日这一天，公海舰队港口内的活动异常忙碌，"腓特烈大帝"号战列舰在这一天抵达威廉港，这是第四战列舰中队的旗舰，同时也成了鲁伊特的旗舰。鲁伊特的回忆录中提起这艘战舰时的描述很简单："简直是最糟糕的选择，我把我的参谋部设在了一个蜂巢里。"

11 月 18 日下午，在一片混乱的情况下，鲁伊特在威廉港司令部中接到了次日出航的命令。但是鲁伊特现在还不能确定舰队是否全部解除了武装，舰队装载的煤、油、食品和水是否可供应至少 4 周。18 日夜里港内的情况一片混乱，补给卡车漫无目的地在码头附近徘徊，根本没有人知道在哪里卸货。

天亮后，在如此混乱情况下，鲁

伊特向舰队下达了出航命令，他当时的心态用三个词形容最恰当不过——侥幸、期望和悲壮。英国人要求舰队在 11 月 19 日中午出发前往预定海域，时速要求是 12 节；第三和第四战列舰中队、第一、第二侦查大队和驱逐舰编队的各舰舰长于 19 日早 9 时在舰队旗舰"腓特烈大帝"号战列舰上举行了会议；与此同时，各舰艇上的革命代表们，他们是在每艘舰艇上都具有影响力的船员，在军官会议前一小时聚集在旗舰上选出了舰队士兵委员会组织构架。

鲁伊特在这次军官会议中做出了以下指示：

1. 威廉·塔吉特（William Tagert）将在他指挥的"赛德利茨"号战列巡洋舰上升起信号旗，该舰将为整支舰队领航。

2. 官方名义上来讲，这支包括有 74 艘战舰的舰队将要脱离公海舰队的编制序列，离开德国前往拘禁地点。

3. 鲁伊特将作为此次行动的主要负责

■ 一战时期的"腓特烈大帝"号战列舰。

人，确保舰队准确而及时地抵达预定地点。

4. 舰队将首先按照英国人的命令进入福斯湾下锚，届时英国舰队将对德国舰队一对一逐舰盯梢。

5. 每名船长将使用最熟练、最信得过的水手来操作船只，"绝对不能让士兵委员会的人加入其中"。

6. 船员们到时候将穿上皇帝时期的蓝色制服来迎接英国大舰队，要至少保持甲板的整洁，届时将根据英国人的礼节来进行答礼。

7. 拘禁期间，军官们将不会享受特权，因为在那样一种环境下很容易造成船员们不满。

斯卡帕湾

不管是革命者还是非革命者，此次特殊的航行必然会激起德国舰员们激烈的反应。虽然整支舰队士气极为低迷，但是船员们仍然顶住所有压力，在 11 月 19 日夜赶到了指定海域。"坦恩"（Von der Tann）号战列巡洋舰在出航时发生了些意外，由于通信装置在 18 日出现了故障，很晚才收到鲁伊特的出航命令，因此这艘战列巡洋舰很晚才出发。

出港之后，这支庞大的舰队由"赛德利茨"号战列巡洋舰作为先导，排成了一个漫长的纵队，这个阵型是在帝国海军时期最为荣耀的阵型，鲁伊特这一天的记载如下："今天天气出奇的好"。舰队很快进入赫尔戈兰湾，从第 400 号航道穿过雷区，在灰暗中根据灯塔船的引导悄悄通过雷区。在通过这片"死亡区域"时发生了一起重大事故，V30 号驱逐舰（德国大多数驱逐舰仅有编号）操控出现失误，该舰偏离航路并触雷爆炸，当即有两名船员死亡，德国船员很快便选择了弃舰，而该舰也沉入了海底。

20 日 6 时 54 分，当舰队穿越赫尔戈兰岛的时候，航线恰好"穿过 1917 年 11 月 17 日战场"，这里是他们最后一次行动的准确地点。

在舰队刚刚驶入到公海时，各舰的革命分子企图扯下帝国的黑白军旗换上红旗，这一行动最终以失败告终，但仍有数艘船上出现了红旗。

当远离海岸的时候，天气开始变得乌云密布，同时伴随着微风。"科隆"号轻巡洋舰报告称冷凝器出现泄露情况，但是尚能坚持到福斯湾。德国舰队以 11 节的航速慢慢向西航行，期间不断接到英国人询问舰队的航线、速度和位置的电报。鲁伊特快速而准确地实时做出回复，希望借此打消英国人存在的疑虑。

根据贝蒂的指令，德国舰队重组了阵型：最前方是 5 艘战列巡洋舰（条约规定为 6 艘，"马肯森"号此时尚未完工）。其次是 9 艘战列舰（条约规定为 10 艘，"帝国"号战列舰因机械故障停在基尔港内检修）。接下来是 7 艘轻巡洋舰（条约规定为 8 艘，"德累斯顿"号没能及时修复，该舰在作战中严重受损），其次是分为 5 组、每组 10 艘共

▌航行中的"赛德利茨"号战列巡洋舰。

计 50 艘的驱逐舰编队（V30 驱逐舰之前触雷沉没），停战协议中要求的总计 74 艘大小船只，最后仅能派出 70 艘，每个编队间距是 3 海里，这支舰队最后形成了一条大约 19 公里长的海上巨龙。

11 月 21 日清晨，北海海面微风，轻微雾气，黎明将在 8 时来临。德国舰队每一艘船附近都有一艘同样级别的英国船只负责看押，这正应了英国大舰队司令贝蒂告诉莫伊雷尔的那句话，"我们将派出充足的力量陪同德国舰队去福斯湾下锚。"

英国人"陪同"下锚的方式显得简单而粗暴，在朦胧的雾气中，隐约可见由协约国舰队构成的两条长长阵线将德国舰队夹在中间，这样一来，协约国就可以从任何一边控制公海舰队的航行方向。参加此次"护航"

行动的协约国军舰多达 250 余艘，其中大部分是英国军舰，四分之一是美国军舰。这是有史以来最大规模的海上力量集结。当时的记载来看，两支舰队各自以 10 节航速向西行驶。盟军舰队分成了红色和蓝色两支舰队，其目的不单单是护送德国舰队，更是为了展示自己的实力。协约国总计汇聚了 34 艘战

▌公海舰队前往斯卡帕湾时拍摄的照片。

■ 以战列舰"不伦瑞克"号为首的德国公海舰队。

列舰、10 艘战列巡洋舰、2 艘最新型航空母舰、大约 46 艘各式各样的巡洋舰以及 160 余艘驱逐舰，整个海上舰队实力极为强大。除此之外，舰队上空不断有飞艇和飞机飞过。在贝蒂的事先命令下，这支护航舰队的火炮时刻处于警戒的位置上。火炮虽然没有上弹，但是机械的输弹机保持在随时上弹状态，炮塔内的军官也做好了随时开炮的准备。

谁也不会想到，这会是德国舰队最后一次行动。令贝蒂颇感失望的是，德国舰队并不是在一次决定性的战役中失败，而眼前的这一"胜利"让他感到非常虚假；但是考虑到这种"不体面"的胜利挽救了成千上万的船员生命与更多的物质损失，贝蒂或许还能稍微心安理得一些。

同样参加"护航"任务的美国舰队司令贝森（Benson）在日记中这样记载："很好很严肃。这是一个伟大的胜利，但是却毫无荣誉感。"

但是这次航行对于德国人来说却颇感耻辱，鲁伊特在他的书中这样描述："敌人（英国）曾经不敢相信他们赢得了日德兰半岛的海战，但是现在，这支令他们最畏惧的德国舰队却已经解除了武装，输到连最后翻盘机会都没有了。"他对德国这支无敌的舰队感到羞耻。在"皇帝"战列舰号上服役的勃兰登堡海员曾这样写下当时的感受："这感觉就像一个无辜的人面对刽子手一样。"

这个时候，英国皇家海军"加迪夫"（Cardiff）号巡洋舰升起一个通信气球，之后快速驶过德国海军"皇帝"号战列舰到达

"赛德利茨"号战列巡洋舰前方，引导德国舰队进入海峡。"我们非常失望……我们进入了福斯湾的航道，之后不得不下锚。"

在协约国舰队炮口的监视下，英国军官第一次登船检查德国舰队的武装，之后几天又多次进行细节检查。11月21日，贝蒂通过电台向福斯湾内的德国舰队发出一道命令："德国舰队将于下午3时57分降下国旗与海军旗，从今往后不许再次升起。"德国军官与舰员中的保皇党对此感到无比的屈辱与难忘。鲁伊特口头提出了强烈的抗议，甚至曾为此当面质问英国人，但是这毫无结果，在舰队打开通海阀沉入海底前，这些旗帜再也没能升起。

负责领航进入港口的英国"加迪夫"号巡洋舰发语旗询问鲁伊特，德国舰队是否能够保持12节的航速，鲁伊特表示了肯定，但是同时表示无可奈何：舰队的秩序已经发生了混乱，就连自己的旗舰也很难真的维持这一航速，而协约国舰队航速也已经降到了10节。

此时的德国人应该感谢糟糕的天气，由于雾霾变得越来越浓，舰队进入海湾时能见度已经变得非常差，用鲁伊特当时的感受来说，"这是天堂给了我一块遮羞布，给我们遮盖耻辱。"

当舰队行驶到五月岛（May Island）附近时，德国舰队左舷的协

约国舰队开始转向，不久后便驶到了右侧船只的后方，同右舷舰队组队排成了单排纵队。德国舰队乖乖地根据原定计划下锚，一切都在按照英国人的命令准确地执行。

下锚之后，德国舰队举行了降旗仪式，士兵们怀着复杂的心情看着国旗缓缓降下。英国方面派来参加降旗仪式的代表是海军上将马登（Madden）的参谋长米歇尔·霍奇斯（Michael Hodges），另有两名参谋军官和一名翻译官。英国代表都是盛装出席，鲁伊特亲自与他们会面，在相互致敬后，鲁伊特引他们进入了指挥舱的会议室中就座，双方在"异常严肃的气氛中"相互敬礼之后由霍奇斯递交了一包文件，这包文件包括对

▊ 在英国军舰"押送"下前往斯卡帕湾的"赛德利茨"号。

▊ 从当时伴随而行的协约国飞机上拍摄的德国舰队。

一幅描述德国水兵在斯卡帕湾内被迫降下国旗的画作。

度紧张，但是德国人以禁令尚未开始执行为由而摆脱了追究。

当英国军官出现在旗舰的甲板上时，鲁伊特看到了一群"着装混乱和不堪"的船员聚集在扶梯周围，"船员们围着扶梯，躺在栏杆的链子上，或蹲或跪，死盯着登舰的英国人，向他们大喊大叫或者向他们要烟。"鲁伊特用强硬的语气为英国代表团在人群中开出一条通道，"这幅画面在我的灵魂深处深深地割了一刀，在我记忆里永远挥之不去。"鲁伊特这样记载。

鲁伊特继续对英国方面禁止舰队升起德国军旗提出口头抗议（霍奇斯称这是一种"伟大的精神"）。随后就之前问题继续进行争论，其中包括要求将舰队囚禁在中立港口。鲁伊特呼吁英国人应该公平公正对待自己的舰队，并且提醒彼此之间应保持骑士风度，而不要采取胜利者羞辱战败者的姿态。

英国代表团的回答却满怀敌意，他们称和平协议的签订已经被推迟，在正式签署协议前双方仍然是战争状态，这种状态将持续到签订和平协议，因此敌国的舰队如果在英国港口中升起国旗将视作宣战行为。鲁伊特

德国舰队下达的一系列命令，其中包括船只被扣留期间最细节的管理条例，内容一直涵盖到锚链乃至锅炉压力高低的一系列要求，同时还包括禁用德国舰队所有的电台发报装置，夜间进行灯火管制，只能使用信号灯来与英国舰队交换信号，除非有特殊许可，德国船员禁止放下救生艇等要求。就在这些命令下达后不久，一艘德国驱逐舰就私自放下一艘救生艇想要将一份文件送到旗舰"腓特烈大帝"号战列舰上，这一举动引起了英国驱逐舰高

英国士兵戴着防毒面罩登上德国军舰检查。

■ 一战前在大洋上进行操练的"皇帝"号战列舰，即使在战争结束之后，德国舰队的装备情况依然十分精良，令英国海军胆寒。

对此针锋相对的提出停战协议第23条内容，其中曾提到协约国港口与中立国港口"地位对等"。

鲁伊特深知这次福斯湾之行将会是舰队最后的航行，现在英国人已经确信德国舰队解除武装，但是他向英国代表团表示自己对德国舰队能否找到合适的泊地而感到担忧，因为不久之后大西洋的洋流将会不断增强。霍奇斯现在才向鲁伊特明确说明，他们将下锚地选在了斯卡帕湾。

根据鲁伊特的记载，他曾经认真考虑过在22日升起德国国旗来反抗英国人的想法，但是最后仍然严格地遵循了英国人的

命令，因为他感觉自己无力违抗命令。他已经意识到，以舰队现在的处境根本无力挑战英国的权威。每艘德国战舰都有一艘同等级的英国船只做一对一的监视：一艘英国战列舰监视着一艘德国战列舰，一艘英国驱逐舰监视另一艘德国驱逐舰，而德国舰队中所有的火炮和其他武器都被拆光。

德国 G91 驱逐舰上保留下的一本由舰长弗里茨·冯·特瓦尔多夫斯基（Fritz von Twardowski）中尉所写的日记，日记中记载了英国人在福斯湾内的古怪举止，从中不难看出当时英国人对自己胜利者姿态的狐疑与不自信，以及对德国舰队的忌惮之情。

根据特瓦尔多夫斯基的记载，他当时正在洗手刮胡子，这时一名英国军官来到驱逐舰甲板上，他显得十分拘束。

我不慌不忙，点燃了一根烟走到甲板上，我没有向他走去，所以他向我走来。他的手放在他的夹克口袋里，我顺势把我的手放在裤子里。当他走到面前时，这位英国军官主动问我：

"你是这艘驱逐舰的指挥官？"

"是的，请问您的官职？"

"我是皇家海军'竞速'（Speedy）号船长。"英国人回答。

"好的，先生。"

"你们的英语翻译官在哪？"英国人显得有些紧张。

"你需要什么帮助，先生？"

"请你与我一起绕着船走一圈。"英国人以命令口吻说道。

"我不会与你一起走，除非你表现得更加礼貌一些，我的朋友。"

"好的，先生，请问你能回答我些问题吗？"

"我很乐意，先生。"

"你叫什么名字？"

"冯·特瓦尔多夫斯基。"

"你的名字如何拼写？"我拼写出自己的名字，为缓和气氛，我轻松地问英国军官："你要抽烟吗？"

"很抱歉，我不会从你那里拿烟。"说着他掏出一张纸。"你是这艘军舰的舰长？"

"是的。"

"船号？"

"G91。"

"哦，这艘舰艇隶属于泽布鲁赫（Zeebrugge，比利时西北部港口）舰队？"

"是的。"

"我知道这艘船，她非常棒。你能领我参观以下这艘船吗？"

"跟我来。"我说了句德语。

令英国人印象最深的就是这些德国军舰的质量与武器装备。正如上文所说的，英国人看起来并不像胜利者，更像是凭借着超好运气才拥有了眼前的胜利，甚至直到现在他们也不敢相信这一切。他们甚至不自信地问德国人，12月17日之后停战协议到期双方是否会再次开战。更让英国人感到恐慌的是德国舰队中的革命者证明了自己可以快速散播谣言的能力，并且完全有能力禁止德国船员与英国有亲善行为。

特瓦尔多夫斯基之后获知，登上G91驱逐舰上的这位"竞速"号船长纯属是英国人派来的冒牌货。在整个90分钟的视察期间，特瓦尔多夫斯基的日记里可以看出一种暗自窃喜的知情——英国军官在开头10分钟里根本没有进行任何

视察，因为G91是舰队中唯一一艘没有降下帝国军旗的军舰，特瓦尔多夫斯基的解释是船上刚才陷入了混乱，通信兵忘记执行这道命令了，这位英国军官在德国船员面前一阵阵的脸红，最后亲自爬上旗杆并把旗帜摘下来，这一举动惹得德国船员哄堂大笑。

当舰队进入福斯湾后，特瓦尔多夫斯基记载了一些有趣的事情。他推断当时的英王乔治五世已经在此地等候多时。此时此刻，早在港湾内列队耀武扬威的英国舰队则是努力表现出胜利的姿态，他们的舰队就像取得空前的军事胜利那样张灯结彩，丝毫看不出是因为意外才造成了德国海军的"失败"。

与此同时，协约国海军的这些夸张举动让德国人感到自己被"无耻地背叛"了，因为这让根本没有被打败的德国海军有了浓重的羞耻感。协约国庞大的舰队与"战败"的德国舰队汇合，似乎是为了向战败者极力表现他们是如何的优秀，因为协约国曾将这个强大的"战败者"围困了长达4年之久，并且最终迫使他们屈服。德国舰队最后集体自沉，也与舰队遭受类似的屈辱有着莫大的关系。

德国舰队在福斯湾中迎来了一个又一个

■ 一幅当时拍摄的德国舰队进入斯卡帕湾的照片。

冰冷的仪式和无休止的审查，接下来准备在协约国舰队的护送下前往斯卡帕湾。作为这此次航行的第二步，舰队在进入最后归宿的途中没有出现任何大的意外，但是先前的待遇让德国人已经疑虑重重。根据特瓦尔多夫斯基日记记载，当收到舰队起航前往斯卡帕湾的指令时，他感到像是受到了一个极为意外的打击，这让德国船员们普遍认为敌人只是为了让德国名誉扫地而选择了这个下锚地。

德国舰队从福斯湾转移到斯卡帕湾的行动是分批进行的。首先是两支德国驱逐舰组成的小型编队在 11 月 22 日离开；其余驱逐舰则分为两组分别在 23 日和 24 日出发，每支舰队都由数目相当的英国巡洋舰和驱逐舰加以监视。

24 日出发的舰队以德国重型主力战舰为主，这是计划的第三部分，耗时 3 天，直到 26 日才告完成。鲁伊特本人将乘坐"腓特烈大帝"号战列舰同德国第四舰队在 25 日出发，这一批次是由相同数量的英国战列舰护送，之后是三支轻巡洋舰中队。"科隆"号轻巡洋舰在出航前就一直存在的冷凝器故

障仍然让人恼火，只能一瘸一拐地拖在最后面。11 月 27 日，所有到达福斯湾的 70 艘战舰都来到了斯卡帕湾外，之后英国领航员来到了德国军舰的甲板上来引航，按照事先预定的位置下锚。

舰队抵达斯卡帕湾下锚后不久，在德国本土整修完毕的"帝国"号战列舰于 12 月 6 日从德国起航赶来汇合。尚处于半残废状态的"德累斯顿"号巡洋舰暂时"躲过一劫"，该舰虽然进行过修补，但是漏水问题仍然严重，V129 驱逐舰准备赶来代替先前沉没的 V30 驱逐舰。第 74 艘军舰，也就是最后一艘军舰是"巴登"号战列舰，该舰在 1919 年 1 月 9 日抵达，用来顶替当时尚未完工的"马肯森"号战列巡洋舰，此事先已征求协约国的批准。此时德国公海舰队全部火炮都已经无法使用，所有的大型机件不能正常运转，缩编后的船员士气非常低迷，舰上的军旗已经落下，发报机也无法运转，留守船员们更对前途一片迷惘。"解除武装，解除武装。"鲁伊特曾这样写道，"没有武装，更没有荣誉感。"

囚 禁

斯卡帕湾三面环陆，仅有南面通向海洋。港湾总计有大约 8 平方公里的水域，是两次世界大战期间英国大舰队的主要基地。一战期间，英国将大批废弃船只沉在了各个岛屿之间，水面上仍然残留着这些船只的上层建筑，有些沉船已经和淤泥一起形成了新的陆地。奥克尼群岛环绕在海湾周围，是斯卡帕

湾的主岛，各岛由一道堤道连接在一起。

斯卡帕湾可以在任何天气下为舰队提供一个安全的下锚地，同时也是有史以来最大的海上墓地。在德国舰队在此自沉之前，西班牙无敌舰队的两支舰队便在这一区域内沉没；1916 年，基钦纳勋爵（Lord Kitchener）乘坐的英国皇家海军"汉普郡"

（Hampshire）号驱逐舰在此沉没，这艘军舰当时离开港湾后触雷爆炸。1917年7月，皇家海军"前卫"（Vanguard）号战列舰在斯卡帕湾沉没，另外1914年时还有一艘德国潜艇在进入斯卡帕湾后触雷沉没。二战前期，曾有德国潜艇渗透进斯卡帕湾击沉了停在港内的"皇家橡树"号战列舰，造成了大量人员损失。

现在，由74艘德国军舰组成的庞大舰队集结在这里，据统计，德国为打造这支舰队共花费了8.8亿马克，按照今天德国物价计算，有些军舰造价高达4400万欧元。正如丘吉尔在他的《第一次世界大战回忆录》中提到的，每艘德国主力舰的价值抵得上一战时期德军一支10000人的师级单位，这支舰队的总吨位达到了40万吨，大概价值20个德国师的花销，这些部队可以编成两个集团军，这足以保证德国陆军在1918年仍然拥有世界上最强大的陆军力量。要知道，有些主力战列舰的花费可以与一个军级单位的花费持平。另外，德国潜艇部队也总计花费了7亿马克。

德国舰队被安排在了港湾的西北部。其中战列巡洋舰停在最西面的位置，位于霍伊

■ 当时一幅描述一战时期斯卡帕湾内景象的画作。

岛（Hoy island）和卡瓦岛（Cava Island）之间；战列舰和轻巡洋舰停靠在战列巡洋舰和卡瓦岛之间，这是一处北面和东北面小岛形成弧度的水域。驱逐舰集中停靠在霍伊岛和法拉岛（Fara Island）之间，位于主力战舰的南面。

英国舰队一般停靠在法拉岛东面和弗洛塔岛（Flotta）北面，这样就会与德国舰队造成沟通上的问题，因为卡瓦岛恰好处在了德国舰队旗舰"腓特烈大帝"号战列舰和英国舰队之间，因此需要德国舰队最南面的主力舰、位于卡瓦岛西面的"赛德利茨"号战列巡洋舰作为中转站来保持与英国舰队的旗语交流。

出于防止泄密和羞辱德国人的考虑，英国人下令德国船员中任何人都不被允许离开舰艇登上奥克尼群岛。斯卡帕湾处在的纬度非常高，从舰队上可以看到大片秀美的景色，德国舰队主要面对的霍伊岛上有着奇特的地质奇观，这些景色非常奇秀，舰队东面是灰黑色灌木包裹的小山，远远看来，这些云雾缭绕的长面包造型的小山像是戴了一顶帽子，这顶"帽子"一直连绵到远处的海上。鲁伊特的回忆录中这样描述这些岛屿："像是群山与岩石构成的牢笼"。

德国舰队在斯卡帕湾接下来的7个月里仅遇到过一次风暴天气，几乎没有造成损失。斯卡帕湾"给拜访者们制造了一个令人生畏和冷酷的印象"，"皇帝"号战列舰上的船员勃兰登堡这样记载，"皇帝"号当时在卡瓦岛和霍伊岛之间下锚，在勃兰登堡的记忆里，"整个海湾被光秃秃的山丘和荒凉惨淡所笼罩"。

■ 二战期间在斯卡帕湾击沉"皇家橡树"号战列舰的U-47号潜艇。

.G91 号驱逐舰舰长特瓦尔多夫斯基的日记中，斯卡帕湾的景象也仅仅是两个流动的码头、一些起重机、下锚地附近的道路旁两个时髦的小村庄。这支德国舰队已经没有武装，这"让英国皇家海军来看，肯定我们是被吓坏了。"

从英国人，尤其是英国大舰队的反应来看，德国人受到惊吓让他们获得了一种混杂着冷酷的满足感。1919 年 1 月 14 日，一名英国军官匿名发表了一篇文章中提到，"对于英国海军军官来说，德国船员已经被强制生活在了斯卡帕湾的军舰上，这是对于战败

者来说最完美的惩罚……"然而，文章接下来也通过两名英国军官的交流，来说明了英国方面对德国人顾虑：

如果德国兵在斯卡帕湾待四星期就嗷嗷叫了，我不得不怀疑他们如果这里待四年会怎么样？

那你如果在德国船上呆四年，你也会对自己嚷了。①

在停泊斯卡帕湾期间，德国人极有可能因为长时间不上陆地而产生严重的不适

① 大意是换做谁都会被逼疯。因为德国战舰速来以居住条件差著称。

症状，船员们对此也抱怨颇多。德国舰队先前没有做长期停在斯卡帕湾的准备，他们的物资只能维持非常短的时间。德国船员与船只之间的关系要比装甲兵与坦克更为复杂，毕竟装甲兵只是在作战时才会进入坦克，他们不会在里面吃喝，他们在坦克外煮茶吃饭，到宿营地中睡觉。相对于德国海军来说，他们就要比陆军同僚要艰苦许多，出于设计的作战任务考虑，德国主力舰艇主要用作突袭港口附近目标，因此装煤量仅有英国同型舰艇的三分之一。由于没有充分考虑远洋设计，德国舰艇的甲板上只有最基本的生活设施，甚至储藏室也没有很大的空间。也就是说，对于斯卡帕湾舰队的德国船员们来说，他们在舰上的长期生活会成为一个挑战。

但是对于德国船员们来说，斯卡帕湾的美丽景色确实能够为船员们提供些许的安慰。鲁伊特的书中记载："（斯卡帕湾中的）风景是严酷而荒凉的，但是同时特别吸引人。海湾内日落时的景色非常壮阔，北极光还会时常在夜晚出现。"他用一句话概括描写了这段被拘禁时期："这里仍然受到上帝眷顾。"

直到 12 月 10 日，德国公海舰队司令部才获知公海舰队的去向。就在几天前，德国公海舰队司令部还用威廉港的电台联系到英国大舰队司令部，悲观而迫切地询问这支舰队的去向，英国人在 10 号凌晨 2 时 53 分做出答复："舰队被拘禁在斯卡帕湾。"公海舰队司令部对此马上提出了抗议，当天晚上，司令部向英国大舰队司令部发去一纸条文，明确说明了德国方面对这支舰队的"底线"，主要有以下三点：

1. 德国船员不应该受到战俘的待遇，英国方面要保证船员们在不受任何审查的条件下及时收到外界的信件和报纸；
2. 船上官兵可以在长官的许可下自由外出；
3. 行政指令应该不受审查地予以传达。

英国人在第二天做出了答复："这些船只处于监视的拘禁之下，信件都必将受到审查；船员们没有受到战俘待遇；德国方面运输船只到位和环境许可的情况下，军官和船员可以即时返回德国。"最后，英国人

■ 描述德国舰队在斯卡帕湾的画作，远处特有的秀美风光为船员们在囚禁期间提供了不少精神慰藉。

■ 由英国巡洋舰"贝尔法斯特"号改造的博物馆中的生活住舱。船员长期生活在如此狭窄、昏暗的环境下，不免产生不满躁动。另外必须注意的是，一战时的德国战舰没有考虑过远洋作战，住舱远比英国船更为狭窄。

保证在和平协议正式签订之前不会对德国舰队有任何过火举动，现在需要德国人耐心等待。

德国舰队总计大约两万人随船进入了斯卡帕湾，英国人迫切地想要降低这一人数，但是德国海军当局在寻找运输人员回国所需的轮船问题上遇到了些麻烦。直到12月3日，德国海军派出的"塞拉"号（SS Sierra）和"瓦德西公爵"（SS Graf Waldersee）号两艘轮船才抵达斯卡帕湾，前者将会带走25名军官和1000名士兵，后者将会带走150名军官和2200名士兵。当时的情景一片混乱，在短短的6个小时里，船员们将两艘轮船带来的物资简单卸在甲板上，大规模的盗窃行为让这些物资损失很严重，英国巡逻艇的加入也加剧了混乱的局面。"塞拉"

号货轮船长很快发现了他们对此次任务的准备非常不充分，这两艘轮船一直到第二天早上也没能将货物卸载完成。舰队旗舰"腓特烈大帝"号的甲板一侧混乱地堆积着高高的物资，想要将这些物资分发给舰队还需要由英国人接手分配。最后，两艘轮船超载了大约600名乘客返航——这意味着两艘轮船将大约4000人送回了威廉港。

在这两艘轮船之后，"比勒陀利亚"号（Pretoria）和"市长"号（Burgermeister）两艘轮船在12月6日抵达斯卡帕湾，两船分别带走了250名军官、4000名士兵和250名军官与1500名士兵。"比勒陀利亚"号搭载的船员主要来自波罗的海舰队，这艘船将返回基尔港，"市长"号将搭载着北海舰队的船员返回威廉港。有了前车之鉴，第二阶段的撤离显得更加有序，参与行动的两艘船也更加适合执行这类行动。12月12日，最后阶段的撤离行动开始了，这次主要由商船队执行，"巴达维亚"（Batavia）号商船搭载了隶属于波罗的海舰队的大约200军官和2800士兵返回基尔港，"不来梅"号货轮搭载了北海舰队的大约500名军官和1500名士兵返回威廉港。在持续的混乱场面过后，两艘船在13日离开斯卡帕湾。三次撤离行动过后，德国舰队的剩余大致数量如下所示：

战列巡洋舰：200人/艘（总计5艘1000人）

战列舰：175人/艘（总计11艘1925人）

轻巡洋舰：80人/艘（总计8艘640人）

驱逐舰：20人/艘（总计50艘1000人）

全员总计：4565人（军官与士官没有在统计之列，大约有250人。）

事实上被遣返回国的人数统计是非常混乱的，但是在德国和英国官方数据与个人回忆来看是相似的，几者比较出入并不大。在6艘轮船返回德国之后，德国人统计留守舰队人员的数字是在4700人至5900人之间，也与上面的数据相差无几。三批人员遣返回国之后，英国人向威廉港发去一份电报，要求德国方面对这支舰队提供进一步的物资供应（斯卡帕湾内的德国舰队无法向国内发出电报，所有的信息都是由英国军舰代发。这造成很多时候英国人收到的信息会私自扣留不会转交给鲁伊特），英国方面要求提供维持5000人日常生活的各种物资。在之后囚禁的6个月里仍有少量的人被遣返回国，物资清单规模也略微做出调整。

5000人在船上的饮食起居问题对于虚弱的德国本土来讲确实是个大麻烦。事实上，舰队囚禁在斯卡帕湾的整个过程中，英国人坚持要求所有的食物都必须由德国本土运来，这在后勤上造成了严重的困难，在开始阶段混乱尤其严重。前文曾提到最初几批货轮卸货时舰队出现了很大的混乱，德国海军在之后派来了专门的补给船用来运送物资，补给船首先会将物资集中卸载到旗舰上，然后通过皇家海军的武装渔船分配给各艘军舰。这样一来，船员们都可以吃到从本国运来的食物——这些伙食至少要比英国人的好，唯一美中不足的是船员们在最初阶段接收了大批军用野战口粮。这些口粮普遍油脂过高，是为战争中士兵能量消耗高的情况而准备的，这些食物可能非常合适补充体力，但是对于囚禁的船员们来说过于油腻。

12月10日，英国人在没有同鲁伊特商量的情况下向威廉港发出了物资清单，物资清单中列举了5000人50天用量的物资请求。物资清单中提到了急缺肥皂和大量书写用品。第一批物资正是由遣返船员的轮船运来的，由于各舰物资已经非常紧张，英国巡逻队不得不在8天时间里都在忙着分配物资。1919年1月10日，"柯尼斯堡"号轻巡洋舰与"巴登"号战列舰编队运载物资抵达斯卡帕湾。从两艘战舰上卸载物资是一件非常复杂的事情，难度要远远超出前几次的情况。1月份之后，物资补给工作交给了更专业的德国海军补给舰"多拉特"号

（Dollart）、"莱茵"号（Reiher）和一艘货船完成，这些专业级船只极大地改善了物资转运速度。

基本的物资保障并不困难，困难在于舰队需要的物资细节。利用职务之便，鲁伊特避开英国人直接交给前来运送物资的"科尼斯堡"号轻巡洋舰一份庞大的物资采购清单，这份清单于12月23日随舰送回威廉港。物资清单的涵盖内容很广泛，其中包括新鲜肉类、蔬菜和土豆，以及适合长期储存的食物。根据清单描述，舰队每十天共需要10000块烤面包、250公斤酵母和2500升朗姆酒（斯卡帕湾内的德国船员从来不缺酒）。除此之外，清单中还特别标注急需的物资，其

■ 德国船员在军舰上合影，这是在解除武装准备前往斯卡帕湾前拍摄的。

■ 斯卡帕湾中的"巴伐利亚"号和"埃姆登"号，镜头右侧有两艘巡逻用的英国武装渔船。

中包括牙刷、牙膏、火柴、打火机、鞋带、防水油、衣服、海鲜、帆布鞋、备用鞋底和护肤香皂这一类用品，同时提出批准42万马克的汇款用来让官兵们购买酒类和私人物品。另外，物资清单中特别要求提供极高的烟草配额，10天的配额竟然高达100万支香烟，这意味着舰队中每人每月的香烟供给量高达300支、雪茄的月供给量更是高达75支。即便如此，在自沉之前的6月17日，鲁伊特还向威廉港总部抱怨香烟短缺的问题，请求运输船紧急运输。除此之外，舰队中繁忙的"市场交易体系"很快发展起来，不仅仅在同艘舰艇的船员之间，各船之间也兴起了大大小小的"市场"。由于船员们有人身自由限制，各船的通信兵成了"销售员"——"冯·德·坦恩"号战列巡洋舰需要一套维修工具，其他的军舰可以借给它用；"兴登堡"号战列巡洋舰通知各舰，本舰有剩余的150卷厕纸可以分给大家，"皇帝"号战列舰有多余的4个绞盘，"帝国"号战列舰慷慨地提供了195000支剩余香烟。但是所有的船只都缺乏一样东西——灭鼠药，这些讨厌的啮齿类动物已经适应了船上的恶劣条件开始肆虐起来。

船员们由于物资短缺和枯燥生活养成了各种怪癖好。舰队的发薪员曾在给朋友一封信中提到："这里的生活糟糕透了……我收到了一个从德国寄来的大头菜，于是把他当作花养在我的船舱中。"与英国人的非法交易正在不可避免的上演——尽管英国海军使用了严格的罚款制度来禁止这类事情的发生。这种与英国巡逻队"私通"的行为，双方一般在深夜里进行，英国人会从岸边

"借"来小船悄悄划到德国舰队旁边，双方在离海岸只有几百码的地方上交易。这类交易一般规模不大，比如一名英国军官准备用一些旧报纸来换一瓶酒；一名德国军官想用他的铁十字勋章来换两条巧克力，有些船员想要拿他们的制服交换一些肥皂一类的日用品。有趣的是，德国人发现他们的"监护人"对制服勋章这类"纪念品"有着无穷大的胃口。

从 1919 年 1 月份开始，德国海军加大物资输送频率，还为此在威廉港成立了一个军需处来负责斯卡帕湾舰队物资供给。这个军需处首先解决的是物资在德国本土转运到斯卡帕湾期间失踪的情况，其次是应对士兵委员会提出的抗议——他们要求鲁伊特与他的参谋部人员的伙食不应该特殊对待。事实上，舰队的医护官已经检查出鲁伊特患上了慢性肠黏膜炎，这是因饮食营养不均衡所导致的常见病——长期没有摄入蔬菜和灰面包，只能以肉类、白面包和高糖分蛋糕作为主食，这让鲁伊特整日操劳的身体非常吃不消。尽管物资方面面临着严峻问题，但是医护官还是竭尽全力寻找合适的食物——这就是士兵委员会所抗议的"鲁伊特享有特殊食品待遇"。

由于德国船员严禁上岸，医护官建议船员们尽量在甲板上进行活动锻炼，因为甲板上的空气更利于健康。现在，整支舰队都面临着一个严峻的健康问题：牙齿问题。舰队原本没有牙科医生，英国人也不打算为此在岸上设置一个牙科诊所。单调的饮食结构是德国水兵们牙病泛滥的主因。官方的记录中也曾提到坏血病在整支舰队蔓延的情况，其

■ 斯卡帕湾中的"国王"号、"巴登"号、"腓特烈大帝"号、"大选帝侯"号、"巴伐利亚"号、"边境总督"号。由于各舰被拆除了通信系统，彼此之间的联系只能通过旗语进行。

严重程度已经达到很多患病官兵的牙齿因脱落而无法被修复。迫不得已，很多牙科疾病严重的船员只能乘坐补给船返回德国治疗。鲁伊特很快将需要牙医的报告反馈给威廉港，但是直到 1919 年 6 月 20 日，一名叫"格洛特"（Grote）的牙科医生才以志愿者的身份准备前往斯卡帕湾行医，他将在 6 月 23 日前往斯卡帕湾——这仅仅是舰队自沉前的两天。让人欣慰的是，大部分被牙齿问题困扰的士兵都能被及时送回国内。

很多船员离开斯卡帕湾后并没有"真正"返回德国，在遣返回国的人员中有不少人将会在回国后被送上军事法庭。除此之外，在战后的混乱期间搞"消失"来逃避罪责的情况也很常见，由于战后的德国政局的动荡，社会秩序异常混乱，一些人考虑到回家后只会成为家庭的负担，如果他们隐姓埋名"消失"在众人之中，那么他们的家庭至少会定期收到抚慰金。

值得一提的是，鲁伊特曾在负责舰队事务期间专门拒绝了一项英国人授予的"特权"。他被允许乘坐救生艇在白天巡查他的

船只，但是他很快拒绝了这项特权，因为士兵委员会很可能会通过这种方式渗透进小艇船员中，并利用巡查的机会到其他的船只上传播消极思想。因此鲁伊特坚持使用旗语信号与各舰长们联系。而这些通信内容也还要专门转发给英国人。

在协调好诸多舰队琐碎事务之后，1918年12月13日，鲁伊特乘坐"不来梅"号货轮返回德国。他曾经认真考虑过留下的想法，但是这次返航绝并不是他的"放弃"，因为他在出海前接到的命令仅是指挥舰队到囚禁地下锚而已。这次回国之旅将是"从德国海军中退休的同义词"，他在自己的书中写道。但是他立即笔锋一转，委婉地提出另一种想法："与此同时，我必须习惯我接下来的工作，尽量找到一些肯为舰队提供帮忙的人。"

多米尼克海军准将是新晋升的"巴伐利亚"号战列舰舰长，他作为舰队代表送鲁伊特乘上了"不来梅"号货轮，之后暂代鲁伊特成为囚禁舰队名义上的指挥官。这是一次令人压抑的出航，轮船上挤满了遣返回国的船员。出航后不久，"不来梅"号货轮就在德国北海沿岸的东弗里西亚群岛附近搁浅。这艘船很快被紧紧卡住长达半天之久，直到下一次洋流来临时才浮起脱险，鲁伊特在书和报告中对这次遇险只字未提。

从12月14日返回威廉港，到1月25日继续回到斯卡帕湾的这段时间里，鲁伊特主要与同事们认真处理舰队在囚禁期间的补给问题。他的家人当时也在威廉港，鲁伊特将几乎所有的空闲时间都用来陪伴家人，但是鲁伊特的书中并没有提到这段愉快的私人时光。鲁伊特曾经在一次会议中提到过德国水面舰队最终的命运，他声称和平协定签订之日就是舰队解散之时，即使协约国并没有这样的打算，德国舰队也将不复存在。这一想法在每个德国海军军官的脑海里已经根深蒂固。

英国方面，他们专门制定了极为苛刻的条款来管理斯卡帕湾内的德国舰队，这一条款被称之为"德国舰队条令"（IGS）。条款明文禁止悬挂德国军旗和使用电台通信，但是舰队的灯光管制还没有做得太决绝：他们允许德国舰队使用发电器供暖和照明。一到夜间，每艘舰船会在船头上亮出3个灯，船尾亮出2个灯，德国舰队与外界交流的

■ 曾经输送货物和遣返船员回国的德国"不来梅"号货轮。

通道很单一，舰队司令将需要传达的信息发给英国"看押"司令（德国舰队在斯卡帕湾期间，英国人足足更换了5任"看押"司令）后转达到威廉港的德国海军司令部。舰队的对外邮件将会受到英国方面审查，英国的审查机构最初设置在斯卡帕湾内，但是之后不明原因地迁到了遥远的伦敦，这让邮件到达速度平均慢了10天。德国方面的新闻报纸也受到了审查，不同船只上人员之间的交流被全面禁止，任何人想要在没有许可的情况下私自乘船都会遭到英国人的开火警告。

除此之外，英国人还很"大度"地提供了两条渔船来方便德国旗舰与其他船只交换信息，另外还有一艘专门用作英德双方之间的沟通。在未经许可的情况下，没有任何人被允许从一艘船移到另一艘船上，但是有两个人例外，那就是舰队里的两名牧师，两人也非常受全体船员们的喜欢，因为他们毕竟是囚禁期间唯一的"客人"。每艘船每周一次通报成员、煤、油料、水、食物和其他补给品的状况——这需要动用那两艘英国渔船来进行联系。

在没有将偶然修正条款计算在内的情况下，这款"德国舰队条令"大概有多达10000个单词，该条令的复印本被紫色墨水复印到劣质的纸张上分发给各舰，德国人英国人都有两份完全一样的原本。

英国人为德国水面舰队量身订制的这份条令非常详细，而且为执行条令向德国人施加了强大的压力。在德国舰队进入斯卡帕湾之初，他们就预料到德国舰队自沉的可能性，护卫舰队有一份报告就提到"德国舰队可能

在下锚地自沉"的情况，这不得不让英国人专门调配8艘渔船在近距离上巡逻，24小时里轮流执行任务。这些渔船的船员都是商船队的平民，但是每艘船都有一支军人构成的武装卫队，还在每艘船上专门配属了一名海军军官负责在甲板上进行观察。如果一艘德国船只想要悄悄溜走，渔船会首先命令他返航，如果没有遵守命令，而且在警告射击后如果仍然无效，逃跑的船只将会被鱼雷和舰炮所击沉。

英国船上的武装卫队始终保持待命状态，随时准备在必要时刻登上任何一艘德国战舰。每个卫队包括3名军官、45名水手和勤杂人员，装备有刘易斯机枪、弯刀、步枪、手枪和刺刀，另配属了10个基数的弹药量。用英国人的话来说，这样做有助于双方更清楚当前的特殊情况："这些武装卫队将给德国官兵们留下深刻的印象，虽然在停战状态，但是彼此之间的战争关系仍然存在……在处理停战的问题上，双方保持礼貌是应尽的义务，但是谁也没有忘记战争仍然可能爆发。"之后又提到："虽然现在德国官兵是友好地投降……而我们是彬彬有礼，但是双方仍然还远远没有到友好的程度。"

管制条令是由英国海军上将马登（Madden）草拟的，他刚刚由贝蒂授权管理整个德国海军的囚禁行动——贝蒂现在忙得简直不可开交，在短暂的停战期间，他将主要精力放在了拆分并重组整个英国大舰队的宏伟计划上。虽然马登在不久后升任英国大西洋舰队总司令，但是仍然保留了对囚禁行动的指挥权。在最初的几周里直接由他管

理，之后就将这一苦差事委派给各个水面舰艇分队的海军中将们轮流管理，每个分队轮流看押一个月的时间。这样一来，他手下的舰队司令们就不会有任何怨言了。总的来说，英国人对制定那些限制德国舰队的种种禁令是感到非常高兴，部分原因是为防止不同船员之间的交流，更多的是会让德国人感到屈辱，从而让自己获得某种愉悦。

德国方面，鲁伊特在威廉港内起草了一系列命令来组织和管理斯卡帕湾内的舰队，但是所有的命令需要获得舰队指挥部和士兵委员会的双重签名方可生效。1919 年 1 月 19 日，新的德国政府发布一道政令后，军官同士兵委员会合作上的困难出现了缓和的迹象，这道政令旨在削弱这类革命组织的权威、恢复军官的权威的政令。但是鲁伊特却感到削弱士兵委员的行为对斯卡帕湾内的军官们来说并非明智之举，因为军官的责任会进一步加重，这就导致军官们只能将回国的机会让给士兵。针对这种情况，鲁伊特曾经专门与英国方面商讨过。

早在鲁伊特仍在斯卡帕湾时，他就对德国舰队进行了种种改革，其中包括命令所有战舰一律保持随时能以 10 节航速航行的状态，以方便随时前往中立港口或者回国，甚至还要做好斩断锚链、随时封存的准备。他重组了各舰的指挥骨架，减少了军官的数量，以此来减少军官与普通船员之间的摩擦。主力战舰的舰长一律由一名海军少校担任，幕僚包括两名海军军官、两名工程助理、一名外科医生和一名事务官或者出纳员。轻巡洋舰舰长通常由一名海军少校担任，幕僚包括一名海军上尉、一名事务官、一名工程助理、一名军医和一名后勤军官，他取消了所有驱逐舰的舰长职务，统一由科德思担任驱逐舰司令。通过这种方式，他在舰队中建立起了一套稳固的管理方式。

士兵委员会非常支持鲁伊特的这一改革，不仅如此，这种看似削弱了德国军官权威的改革也让鲁伊特赢得了英国人的信任。这一人员改革对德国方面的好处自然也是很大的，在非战争状态下，削减军官数量可以尽可能地减少舰队内部运作上的阻力，反而间接加强了控制力。除此之外，鲁伊特在面见英国指挥官时还会经常向他们解释德国军官同革命分子根本是对立的，这让不明就里的英国人对军官们产生了不少好感。在此之后，双方的互信程度便上了一个台阶。鲁伊特在回忆录中记载，11 月 27 日，当他要离开英国旗舰时，英国司令亲自送他到舱梯位置，用鲁伊特的话来说，"对我的态度十分冷漠，但是却没有失礼"。

1 月 25 日，鲁伊特回到舰队之后就马上起草第一道命令，要求禁止一切反英宣传，以防刺激到英国人。英国人也做出了一定的让步，虽然仍然不允许舰队升起德国国旗，但却允许舰队升起指挥旗和三角旗，这在德

■ 从"雷根斯堡"号巡洋舰拍摄到的英国巡逻驱逐舰。

国舰队来看是个令人满意的报答，也是对德国舰队主权的肯定。英国人在这些细节方面一向谨小慎微，但是他们也是为了面子上说得过去，并且在他们看来，这种囚禁舰队的方式与舰队投降仍然是有很大的区别，甚至他们也非常清楚，由于无法直接在德国舰队上设置观察员，德国舰队自沉的可能性无论如何都是非常大的。

随着程序与法令的不断发展健全，不可避免的，船员们在囚禁期间也尽力寻找到他们自己的方式来打发海上纯粹无聊的生活。吨位较大的船只固然可以为船员们提供更大的空间，船员们在恶劣的环境下尚能忍受，因为即使在恶劣天气下，也会由于船只稳定度较好而不会造成太多的身体不适；而驱逐舰上的船员们的日子就着实不好过了，他们心里也很不平衡。像驱逐舰这样的小船，尤其要求士兵与军官之间的相互信任，船员之间在危险环境中必须同甘共苦，而舰长的领导能力则是气氛稳定的基础。驱逐舰队司令科德思曾汇报称，驱逐舰混乱而狭窄的甲板上仅能容纳一个人朝同一个方向方向最多走40步，而甲板最窄处仅有5步宽。

尽管英国人一开始坚持，德国方面要小到一颗螺丝钉、大到整支舰队吃喝在内的全部都要从本土运来，但在不久后也承认这会造成一个很大的麻烦，因为德国人运输包括煤炭、油料和水在内的物资会加重不必要的负担。不同于英国舰队，德国军舰上并没有配备海水淡化设备，所以淡水只能从德国大老远地运来。装着煤炭、油料和淡水的运输船几乎每天都在慢吞吞地往来于斯卡帕湾和威廉港之间，这让德国后勤部门苦不堪言。

有鉴于此，英国人之后允许德国舰队的淡水和煤炭直接由斯卡帕湾的基地提供，所需要支付的账单将直接汇给德国政府。但是很快就有了新的问题：由于德国人习惯了直接在港口内装卸煤炭，而英国人又禁止德国人靠岸，只允许德国人在海面上加煤，这就在大型战舰加煤时造成了不小的麻烦，英国特殊的燃料装卸标准也让德国人吃了不少亏：1919 年 2 月 8 日，士兵委员会代表向德国停战委员提交了一份"就英国煤炭交易骗局"的抗议书。抗议书中提到，如果有 500 吨煤炭将要求在一工作日内装上船，那么事实上会因装煤装备的缺陷以及糟糕天气等原因，最终只会有 200 吨煤炭装上德国军舰，而英国人仍然会按照 500 吨卖出量来计算价格。为了装上更多的煤炭，德国船员甚至省去了 50 分钟的午休时间，但是英国人会刻意拖慢加煤速度。

德国官方调查组织很快就对这一"商业诈骗"进行了调查，官方给出的报告证实，由于德国船员加煤的效率非常糟糕，而在英国人来说一次"规范"的装煤计算方式是取决于单位时间内装煤量（即一天 500 吨），如果一天没有完成 500 吨的装煤任务，英国运煤船不但不会补上缺额，还会依定额补给数量计算。装煤效率固然需要不断的练习来提高，为了弥补这种亏损，船员们被迫在黑夜里裹着他们的大衣和毯子加班加点地工作。对于油料的供应，报告中同样提到，英国的物资分配体系运作非常良好，他们的管理细节会精确到每一艘供应船，在很多事情上都有着非常超前的考虑。

根据国际法规定，德国舰队的船员是被拘留者（internees），而非战俘（prisoners）。这非常容易理解，在心理上而言两者之间并没有很大的不同，唯一的不同可能是陆地上的战俘需要时时监视，而斯卡帕湾内的德国船员们则遭受着另外一种监狱般的煎熬。两者最后可能到最后会有两种截然不同的病症——"铁丝网病"和"斯卡帕湾综合症"，勃兰登堡这样回忆那段囚禁的岁月：

春天正在到来，生活对于我们来说越来越单调。我们很少收到邮件，没有报纸，我们的电台根本不能收到任何信号，我们越来越不想工作。发动机维护的工作也不再继续，锅炉水的盐分越来越高，以至于锅炉经常停止运转，有时候我们不得不在深夜和傍晚仍然在工作。我们的午餐不得不在煤炭上直接烤熟，这样的食物简直糟透了。每天陪在你身边的往往是同一个人、同一艘船、陆地上同样的景色。士兵委员会和工人们经常会煽动船员们暴动，但是他们更多带来的只有厌倦和冲突。我们现在仍然相信会事情能圆满解决，尽管每个人都要变成神经病了。

前文提到的生活环境不同，主要还是在大船与小船之间受到环境影响而造成的不同。但是鲁伊特和其他人都普遍认为融洽氛围最糟糕的还是五艘最大的战列巡洋舰，因为大船意味着更多的船员。同样的情况也出现在几艘战列舰上，尽管英国海军司令曾提到过"皇帝"号的秩序在自沉时都保持得非常好，但这只是一个难得的个例。

事实上，最初规定船员们每天只需要工作5小时，在工作期间有很多次休息时间，主要工作也仅限于日常维护、搬运物资等此类杂务。但实际情况更有意思，不仅每人每天只需要工作两个小时，有时候甚至一天都无事可做。有些人会看书、写信、缝纫、画画、下棋、做些金属物件、做饭等杂务来消遣时光，幸好船上有着充足的乐器。从2月9日开始，英国人惊奇地发现德国舰队中已经成立了一支乐队。赌博的情况也在德国舰队中非常流行，尤其在大船上更泛滥。

船员们的大把时间与精力无处挥霍，士

■ 看押期间"腓特烈大帝"号上的一景，该舰作为舰队旗舰期间更多时候充当物资中转站。

■ 斯卡帕湾内的"皇帝"号战列舰，该舰是囚禁期间纪律保持最好的军舰。

兵委员会也一刻没有清闲。1月19日，士兵委员会起草了一系列要求，由一名代表携带着登上运输船队，回国后呈报给了德国海军部。文件的其中一项要求就是在旗舰上设置最高委员会。1月24日，这份要求被通过，士兵委员会在三月份重新进行了组织，新重组的士兵委员会包括每艘主力战舰代表三人，每支驱逐舰分队（flotilla）增加一名发言人。其他要求也全部满足，包括可以通过最高委员会来决定哪些船员可以回国；为舰队增加一名特别补给品军官；在战后优先留用专业水手；拘禁期间将为包括军官在内的船员提供每日5马克的补贴；回国遣散人员还会有一份"遣散津贴"。这些要求一一被通过，意味着为了维持这支舰队，政府每月的花销在原有50万马克基础上又增加了大约3.5万马克。

鲁伊特在12月中旬回到德国。当他离开时，他希望舰队在克服困难后能够平静地度过囚禁岁月，船员们能够好好扮演新角色。但是当他在1月25日跟随补给舰返回斯卡帕湾时，他发现他所委托的舰队司令多米尼克与船员之间的关系已经高度紧张，这是因为士兵委员会权力过大，导致军官与革命者之间的关系异常紧张。

军官与士兵委员会之间的权力争夺陷入了旷日持久的僵局。双方分享舰队指挥权的做法必然会造成冲突，并加剧双方的不信任和敌意。1月20日，舰队旗舰"腓特烈大帝"号战列舰上爆发了一场"革命起义"。士兵委员会以投票的方式宣布取消船上军官的指挥权，重新选举一名舰长来行使指挥权。令多米尼感到不可思议的是，

作为旗舰的"腓特烈大帝"号竟然会发生这种情况，士兵委员会的革命者们已经造成了骚乱，他们威胁如果多米尼克不离开旗舰将会出现更多的骚乱，这场暴乱已经超出了他的预期，于是他被迫返回自己指挥的"巴伐利亚"号战列舰。士兵委员会随后承担起恢复舰队秩序的职责，直到鲁伊特本人回来才将指挥权拱手让出。但是多米尼克也在鲁伊特返回之前获得一个颇有意义的胜利——军官们坚定一致地站在他的一边，这在让革命者沮丧的同时，也让德国船员们更加渴望秩序，而不是将整支舰队托付给只会制造混乱的革命者。

实际上，军官与士兵委员会的权力争夺战早在舰队进入斯卡帕湾之前就开始了。当时趁着军官不在甲板上的机会，士兵委员会发动船员们投票选出他们的指挥官中"谁受欢迎"——至少在暴动前受欢迎的名单。当鲁伊特在12月份回国时，士兵委员会利用政府给的权力遣返许多"不受欢迎"的军官，这些军官大致在12月上旬被送回国。即使整支舰队已经减员75%，但军官们仍然没有任何向士兵委员会让步的迹象。当时的英国人也将德国军官视作他们的敌人，这在一定程度上导致他们默认了优先遣散军官的决定，遣返的名单里甚至包括了两名高级军官，这两名军官在回家途中遭到了船上革命者的打骂和羞辱。更为过分的是，革命者还为返回威廉港的两天旅程而专门设立了临时委员会，这个委员会的职责很简单：他们强制让军官住在小客舱内，这些舱位的条件异常肮脏和狭小。

正如前文所提到的，鲁伊特在11月时

已经着手削减军官数量，当时已经维持在最低的水平，虽然这并不是在向革命者们做出妥协，但是也变相地增加了革命者的力量：因为革命者大多数选择留在舰队中拒绝遣返。当英国人意识到这些"不友好分子"形成威胁后，他们也开始积极地利用各种机会来削减革命者数量，比如利用船员某个年龄段或者服役年限为理由予以强制遣返。

1月25日鲁伊特返回斯卡帕湾时，士兵委员会继续以咄咄逼人的姿态来发号施令，首先令鲁伊特感到头疼的问题就是舰队纪律问题。由于英国人严格限制德国人在船上的自由，不允许船员与其他船只有任何私下交流，这让船员们像是身处在一个个牢房之中，让暴动的可能性变得非常小。但是这却给维持纪律造成了困难。

德国军官维持纪律的方式很单一，其中最主要的是从船员薪水中罚款，但是在这种极端环境下往往起不到很大的作用。严重触犯纪律的船员将被遣送回家，但是这种方式很难让他们受到惩罚。如果将犯有罪行的船员交到英国人手中，那么这些船员将得以从舰队中拘禁的苦日子中逃脱，然后悠闲地看遍整个苏格兰高地后在英国海军监狱中安稳度日。

返回斯卡帕湾伊始，鲁伊特开始着重加强舰队的法律意识。他感到对新德国政府成立后法律修正案的知识非常匮乏，因此并不打算在舰队中成立海军军事法庭。面对法律知识贫瘠的困难，鲁伊特决定采取主动的方式来解决犯罪问题。首先他严格限制士兵委员会参与对罪犯的审判问题，作为回击，革命者们很快向奥尔登堡革命政府方面要求送来紧急法律条令来作为维护舰队秩序的基础。鲁伊特现在仍然依照前帝国政府的法律来行事，并积极地着手恢复军官权威。结果这场法律之争以他的胜利而告终——鲁伊特继续贯彻皇帝时期传统海军的纪律规范，只是根据囚禁的特殊环境修改了条款。

鲁伊特强调，只有船长才有权力下达在船上逮捕船员的命令，除非在犯罪过程中被其他人所制服。军官们被要求对冒犯自己权威的事情尽可能视而不见，禁止没有必要的或者频繁展示权威的行为。罚款成了舰队中最主要的惩罚手段；其次是将犯大错误的罪犯关到船上的牢房内。这更是一种士气上的胜利，因为军官们现在终于能为自己的手下负责了。

但是军官与革命者之间的斗争仍然远远没有结束，二者仍然矛盾不断。不久后，旗舰"腓特烈大帝"号再次爆发了更为严重的冲突，起因是一名鱼雷技师在2月10日从B98驱逐舰上进行走私，这名船员是从威廉港来的一名后勤兼替换的人员，军官们想要对他做出严惩，但是他却受到了士兵委员会的包庇。鉴于"腓特烈大帝"号上的革命者领袖应在3月31日被遣返，鲁伊特为了表示不准备将对抗升级的意思，所以作为让步他更换了自己的旗舰。

2月17日，39名革命者被遣散回国。鲁伊特决定将旗舰更换为"巴登"号战列舰，他曾经考虑过将旗舰换成"皇帝"号战列舰，因为这艘船是全舰队中秩序最好的战列舰。一开始他觉得这种主动退让的行为可能造成向英国人或是士兵委员会投降的倾向，但是

■ "巴登"号、"阿尔伯特国王"号、"德弗林格尔女王"号在斯卡帕湾中。

当他在3月中旬去"埃姆登"号轻巡洋舰上躲避麻烦时，他发现这一想法是错误的——船员们普遍支持军官的行为，并没有将此视为妥协。

3月23日，B98驱逐舰作为补给舰来到斯卡帕湾，该舰准备次日返回德国。为了降低革命所带来的负面效果，鲁伊特下令将两名革命者押上驱逐舰运回德国，在同一天早上，他将自己的旗舰转移到了"埃姆登"号轻巡洋舰。当B98号到达时，两名革命者表示拒绝上船。对鲁伊特来讲，这次强制遣返行动承担了很高的风险，因为这样做不但会触怒革命者，还将打破与英国人之间微妙的关系。但是鲁伊特毫不畏缩地向英国人解释了他的难处，英国人也表示支持。在英国人的干预下，这次强行遣返行动还算成功，英国人还给了两位革命者两个小时的最后通牒，同时派出一艘驱逐舰和一艘装备着火炮和鱼雷的轮船负责押运工作。不仅如此，他们还积极地在"腓特烈大帝"号上排练了押送程序。这两名麻烦制造者最终被平安地押上了B98驱逐舰，当驱逐舰离开之后，士兵委员会中很多

温和派成员开始向军官们妥协了。

鲁伊特现在仍然没有丝毫的安心，接下来，他呼吁士兵委员会重新选举来填补被遣返的委员会成员空额。这次选举在4月份如期举行，从此之后士兵委员会的代表们彻底安静了：他们内部开始分裂，并且渐渐失去了支持者。舰队中暴乱情绪慢慢地被稀释了，在舰队剩下的三个月时间里，鲁伊特终于可以安然地入睡了，他手下的军官也大大恢复了权威。

不过在那之前，在旗舰上的革命者的一片反对声音下，鲁伊特离开"腓特烈大帝"号前往"埃姆登"号轻巡洋舰，这次转移引发了炸弹的效应，英国人专门派出了三艘武装渔船来完成转移任务，同时还派遣了一支皇家海军卫队专门到"腓特烈大帝"号上进行戒备。这次转移过程没有出现任何麻烦，面对这支由一名德国少将主管下的斯卡帕湾德国舰队，英国人开始酌情为他们减少压力。不过事实上，这次向轻巡洋舰上转移的决策也受到了英国人的强行干预。鲁伊特之前曾考虑转移到战列巡洋舰上，但是没能得到批准，在鲁伊特看来一支舰队的司令部至少要设在一艘战列舰上，否则便根本无法发挥作用。即使英国人很明白德国人指挥上的困难，但是他们仍然坚持要鲁伊特转移到一个较为简陋的轻巡洋舰上，鲁伊特虽然一再向英国人解释，但是英国人依旧不为所动。可是当鲁伊特登上"埃姆登"号轻巡洋舰之后马上感受到了它的便利之处："埃姆登"号的下锚地点恰好处在一个很好的位置，该舰可以直接同英国人取得视觉联系，而"腓特烈大帝"号却不行。

6 周相对平静的日子过后，时间来到了 1919 年 3 月 24 日，日子缓慢而重复地进行着。船员们用自制的钓鱼竿来丰富着他们的餐桌。不时会有些人发表政治演说，但是对于信息的匮乏已经让这些雄辩家的演讲变得失去时效性和关联性。新的士兵委员会在 3 月份如期选举，新领导层比之前更加稳健。与此同时，这种单调而信息匮乏的情况对于谣言的传播提供了非常理想的环境。鲁伊特更换旗舰的行为引发了士兵们之间诸多猜测，甚至传出主力战舰将被拖离港口并凿沉，或者给协约国分解的谣言。不仅如此，在北风风化作用下，这些战舰已经失去了外在的光辉。幸好有"腓特烈大帝"号上的两名船员义务做油漆工来消磨时间，给军舰"穿上"了一套灰色的新外套。

有了"腓特烈大帝"号作为开头，鲁伊特决定为整支舰队制定一个外部清洁计划。舰队中获取新鲜而可靠的信息渠道主要是一些英文刊物，其中最主要的刊物是《时代周刊》（Times）。皇家海军非常乐意让德国人阅读这些杂志。由于信息需要审查，舰队收到的报纸往往是四天之前的，事实上，这一不经意的细节成了舰队自沉的重要因素。英文出版物中不断提到斯卡帕湾中这支舰队的存在，《每日邮报》就有报道这支舰队的"囚犯"们偷偷上岸偷盗居民的绵羊的"新闻"，而这根本就是子虚乌有的事情，这条"新闻"完全是英国媒体从皇家海军的命令中推断与臆想出来的——英国报纸为此呼吁将德国舰队上的救生艇拖上岸来防止这类事情的发生——这仅仅是英国人担心德国船员会使用小船来施恶。鲁伊特甚至不得不向英国人提出，为了重新打扮他的舰队务必要保留救生船，并且向英国人解释称如果木质船只离开水太久表面会发生扭曲，更甚者会在重新使用时造成严重泄露。实际上，鲁伊特还有另外一个目的：舰队自沉的可能性再次回到他的想法中，他需要确保这些小船可以随时使用。

除了自己的参谋部之外，鲁伊特手中还有一支人员不多的特殊团队，其中包括有外科医生、一名舰队出纳员，一名舰队工程师和法律顾问。这其中工程师尤其不受人们的欢迎，因为他会为不断提出要求来监督与维护船队。整支舰队的工程顾问是"腓特烈大帝"

▌停泊在斯卡帕湾的"埃姆登"号轻巡洋舰，该舰后来成了鲁伊特的旗舰。

■ 斯卡帕湾中的"埃姆登"号轻巡洋舰。

号上的穆勒工程师。士兵委员会极力反对穆勒担任这一职务，但是当鲁伊特签订了授权书后只能不情愿地接受。舰队在斯卡帕湾期间工程专业知识的缺乏一直是一个严重的问题，但是穆勒在这一职位上做得非常好。

在这段相对和平的时间里，鲁伊特继续专注于舰队后勤事务，他向威廉港发出一连串的补给品需求清单，尤其强烈要求提供香烟和牙医。威廉港的答复是，为满足紧急需求，请舰队及时返还空啤酒桶。除此之外，鲁伊特还非常关心战后的德国海军重建问题。比如在4月23日，他给帝国海军部发去一份文件，试图说服海军部不要过早通过换发海军军服的决

议。他经常向上级表达舰队军官们在囚禁结束后去向的担忧，这批军官现在根本没有机会去准备过平民生活，因为他们现在已经被完全隔离。士兵委员会开具了一份与1月份没有区别的要求清单，鲁伊特在3月份通过了这一提案，不久后海军办公室也同意了这

■ 在斯卡帕湾无所事事、钓鱼取乐的德国水兵。

一清单上的要求：船员离开舰队后需要支付四个半月的薪水，并且酌情给予奖金。

3月份，英国人突然下令再次大幅削减德国舰队留守人员。英国人要求船员们减少到"可接受的范围"之内，具体来说，斯卡帕湾内的德国船员们要缩编到现有船员人数的一半左右。鲁伊特以安全与舒适的角度提出了抗议，因为现在舰队毕竟不是在本国的港口内，没有与舰队后勤相关连的工厂为依托，所以船员人数进一步削减会造成很多保障上的麻烦，但是英国人对此丝毫不为所动。鲁伊特怀疑，英国人想要通过这种方式来消除革命者的威胁，或者试图减少舰队人员到更容易控制的规模，这一缩减计划无疑会让他的舰队彻底失去作用，就当前来说，人员数量仅仅满足于最基本维持的水平，如果进一步缩减后果将不堪设想，一旦舰船开动起来能否维持10节航速都成为问题。但是面对英国人严格的命令，鲁伊特也顺水推舟，特别安排了大约150名革命者运回国内——士兵委员会的问题已经让他苦恼了2个月。

4月份的第一个星期，和平谈判出现了重大转折——协约国对德国海军的处置方案传到了斯卡帕湾。方案决定将整个德国海军削减到象征性的力量，这在德国舰队中引发了一次谣言海啸，船员之中甚至重新燃起了起义的决心。为了防止兵变发生，鲁伊特根据具体环境改变了他的策略，开始重新考虑将部分有起义意向的船员遣送回国来减轻骚乱情绪。当时士兵委员会正在密谋一次大罢工，他很快利用这次遣返命令扑灭了这次行动，因为紧急裁员造成的船舶出航能力锐减

问题在一段时间调整后才恢复，船上只留下安保和基本服务的船员来运作。在人员削减方案完成后，舰队中不安因素大大减少，剩下的船员基本上无法为所欲为。而鲁伊特的标准非常简单："削减人员至能够执行自沉任务的水准，随时准备沉入海底。"由此可见，此时他的心中已经下定了自沉决心。在征得英国人的同意后，德国舰队的船员削减到了以下的水准：

战列巡洋舰：每艘75人（之前每艘200人）
战列舰：每艘60人（之前每艘175人）
轻巡洋舰：每艘30人（之前每艘80人）
驱逐舰：视情况自行决定（之前每艘20人）

削减船员人数也意味着居住条件可以改善很多。随着仲夏的临近，斯卡帕湾由于处在北半球高纬度地区，夜间会出现极昼现象，所以船员们在天气允许的情况下会用日光来照明。由于人员减少，煤炭、油料和淡水短缺的情况消失了，甚至出现过剩的情况。锅炉被关闭并且进行维修，驱逐舰队留守的400人去照看50艘驱逐舰的情况显得有些过剩了，这些驱逐舰一般会两艘一组下锚，

■ "巴登"号和"卡尔斯鲁厄"号，摄于斯卡帕湾。

船员们离开这些鼠患滋生的船只集中住在一起，剩下的空船会定时上船检查。在这次人员削减之后，囚禁人数缩减到了1700人。5月17日，德国本土派来的"巴登"号和"石勒苏益格"号运输船抵达斯卡帕湾，总计运走了2700人回国——此时距离舰队自沉还有35天。

鲁伊特的决断

除了大量不安因素之外，拘禁的最后一周还发生过一件重大事件——原定于5月31日进行为期两天的日德兰海战纪念活动，德国政府首次在1919年确定这一日为公共假日，但是囚禁的舰队并没有举行任何特殊的庆祝活动。在特别发布的命令中，鲁伊特担心船员们会在这一日进行过火的庆祝活动，所以建议庆祝活动尽量不要公开进行。

随着日德兰海战纪念日的临近，一则谣言开始在舰队中弥散开来——英国人计划在6月1日德国船员纪念这场海战时夺取舰队。士兵委员会很可能是这个谣言的散播源头，谣言提到英国人想要撕毁停战条约，抢夺德国船只后升起英国国旗。鲁伊特并没有对这一谣言给出明确的答复，但是他们担心德国船员们在庆祝日活动可能会遭到英国人的干涉。船长们纷纷表示，如果英国人真的进行干涉，他们应该准备随时自沉。最终规定，纪念日时船员们可以在有限的场合组织庆祝，这个有限的场合指的是甲板下面。英国人对鲁伊特承诺，要以最高的道德标准和最好的关系来处理官兵之间的关系，为了准备所谓的庆祝活动，船员们草草地做了一些彩灯，还做一些诸如"斯卡格拉克海峡（丹麦日德兰半岛与挪威南部之间）的胜利，1916"的标语，很多船准备在节日当天张挂带有挑衅意味的彩旗。

英国人很担心德国舰队在庆祝节日当天做出过火的行为，但是事实上并没有发生太多变故。鲁伊特回忆，斯卡帕湾平静的水面上倒映着很多红旗的影子，英国人没有准备采取任何行动来阻挠这些庆祝，另一方面，他们发现英国人没有打算组织任何活动来庆祝这次海战。与庆祝活动同时进行的还有《凡尔赛和约》中为德国舰队问题提出了新的方案。当时虽然各国都同意舰队应该作为德国战争机器的一部分遭到削减并当做赔偿品赔偿给协约国，但是之后衍生出很多问题，这些问题在协约国之间陷入了无尽的争吵。

法国很早就介入了这些纠纷之中。从1918年12月开始，他们就要求获得德国舰队的四分之一，然后将这些船只直接编入法国海军，这样一来可以作为胜利者来展示他们的胜利果实——毕竟在整场战争中，法国除了从西线战场上缴获了枪炮与战利品之外，其他方面根本没有品尝过真正的"胜利成果"。除了法国，意大利也觊觎着这支舰队，他们认为自己也有资格分享德国海军的战利品。英国人海军实力充足，他们并不打算用这些德国船来扩充自己实力。自从获得海军霸权以来，英国还没有使用其他国家船只的前例，不仅如此，空前强大的英国皇家海军当时甚至考虑重组并缩减海军规模来完成快速反应的要求。至于美国，他们在战后马上有了挑战英国海军的底气，并且最后证明他们成功了。

除了直接瓜分舰队的构想，协约国还曾提出过一个模糊的方案，即将这些船只当做维护国际和平的力量使用，还有另一种更直截了当的方案——开往公海自沉。根据《美国海军史》记载，劳合·乔治在1919年4月提出一套观点，他希望德国舰队被拖往大西洋中部，在那里演奏着国歌悲壮地自沉。威尔逊总统曾经给国会写过一封信，信中提到："让我感到棘手的是，根本没有人知道到底该拿这支舰队怎么办。"

英国首相劳合·乔治曾在1919年2月末向英国国会提出，这支德国舰队应该被当做战后赔偿，而不是自沉——除非所有国家都一致赞成这个最后的解决方案。他同时认为，这支舰队不应该成为世界上任何一个国家海军的一部分，更不应该分给任何一个国家。但另一方面，作为一战主要参战国和战胜国，法国政府坚持舰队不应该销毁，除非"让德国人上一课"。

▌日德兰海战中的德国公海舰队。德国人因英国舰队损失更大自称赢得了海战胜利，但事实上却是，德国舰队在当天根本不敢与英国大舰队主力交战，战后也仍被死死封锁在港口之中。

德国舰队毫不意外地在协约国内部的争吵中成了尴尬的旁观者。由于和平协定迟迟没有达成，这造成了停战协议的规定期限一再延长，协约国方面为了争夺利益相互扯皮，在停战六个月后才最终签下了凡尔赛和约。实际上，德国方面对要回海军的可能性没有抱有任何幻想——潜艇部队全部投降是停战的一个重要前提条件，但是当超过200艘潜艇被交出去（还有14艘自沉）后仅仅换来了短暂的休战，却并没有带来真正地和平。如果认为交出水面舰队就能够换来最后和平，这将是将是个非常愚蠢的想法，但是除此之外，德国人实在没有任何可以交易的东西，德国代表团意识到了这一点，而德国海军始终没有意识到。

5月6日，协约国起草的和平条约正式递交到德国政府手中。这份条约分为5个部分共计440个条款。其中涉及海军的条款给德国谈判代表团造成了极大恐慌。条约规定德国必将斯卡帕湾内的船只全数移交协约国方面，另外还要交出52艘驱逐舰，所有在建的军舰都将会被拆除；新的德国海军规模将不能超过15000人和1500名军官，将保存有最多6艘万吨级战列舰、6艘6000吨级巡洋舰、12艘800吨级驱逐舰及12艘200吨级的鱼雷艇。海军不允许拥有潜水艇和自己的航空兵，条约还要求赫尔戈兰岛的海军设施和港口限期拆除。

当这些消息在5月11日传到斯卡帕湾的时候（因为报纸管制，通常斯卡帕湾消息要延迟4天）引起了舰队极大的轰动。这让留下来的革命者们也感到颇为沮丧，但是对于普通船员来说这是个令人兴奋的消息：所

■ 斯卡帕湾内拍摄的德国船员。

有人早已经厌倦了这种无聊时光，现在他们至少看到了终点。

根据鲁伊特的回忆，在条约公布后英国人并没有做出任何答复或者任何动作，而德国船员在四天后从运输船上收到了和平协议内容后才得知了真相。鲁伊特还特别指出，在看到报纸上的消息之前，他既没有从德国本土获得任何消息，也没有接到任何命令。

在获知和平协议的内容后，鲁伊特开始考虑直接与德国政府联系："情况如此悲观，我只能独断行事，并且拒绝一切其他的命令和指导，因为只有我才能评估和鉴别舰队的真实形势。"他们得知德国政府已经拒绝了签署和约，形势如此下去会导致两种结果——继续谈判或者被迫接受，而拒绝也将意味着双方重启敌对状态，英国人届时将有充分的理由强行夺取德国舰队。不过德国人仍然掌握着舰队，在没有其他选择的情况下，他们为了防止英国人夺船，或者说是为了保存自己最后的颜面仍然可以最后选择自沉。

鲁伊特特别强调，他将待在斯卡帕湾中坚持到最后一天。德国本土在发给鲁伊特

的一份文件中就曾经暗示，海军的存亡介于接受协约国条件和公海舰队自沉之间。有一封信是由魏玛共和国海军部部长海军中将冯·特罗塔（Trotha）发来的，日期标注是5月9日，这封信是通过"科尼斯堡"号巡洋舰私自运过来的，这封信在5月18日与补给品一道抵达斯卡帕湾。信件中的主要内容展示如下：

你的荣耀将被铭记，我们的责任是在凡尔赛谈判中捍卫舰队的权利，这意味着我们将找到一个解决方法来维护我们的优良传统，而且也要为德国的未来作好一个榜样。在此，我们优先考虑的是舰队应该依然归属于德国，这是不可改变的立场。无论政治局势的压力有多大，请不要在无法接到上级命令的情况下自己做出决定，请务必排除将舰队交给敌人的可能性。我们希望海军的事宜将在和平协议中最终给出答案，我们相信德国的政治地位最终能够维护这些权利。

这封信说明德国人希望保留这支舰队，并强调这支停泊在斯卡帕湾的舰队没有被人忘记，舰队的最终命运将在凡尔赛会议中决定。

事到如今，德国政府与协约国接下来的谈判可能意味着会将舰队当做筹码来交换其他方面的特权。如果真是如此，那么舰队将会成为一个荣耀砝码去换回有利于德国的利益，虽然这会引起海军军官们的极端不满。这也是让鲁伊特颇为纠结的一种心态，这种纠结的心态让他耗费了整夜的睡眠时间来思考舰队的未来。他发自心底地不愿意将舰队当作筹码被出卖掉。就舰队军官们来说，他们平日里总是担心政府会瞒着舰队高层与协约国签订秘密条款。如果真是如此，军官们将会为了舰队最后的荣耀而誓死抗争——潜艇部队惨痛的先例已经让德国海军陷入了担惊受怕之中，照此推断，他们有理由相信政府下一步会继续牺牲海军水面舰队来保全陆军的利益。

如果舰队接受无条件投降的命运，那么无疑会如德国报纸上所报道的，这是让人不可思议的：首先是由于战败等种种因素，德国舰队上的船员们已经变得非常不可靠（这个问题虽然在停战之后通过大幅削减人员的方式予以减缓），其次是舰队同德国本土之间的联系非常稀少，这么做是为了防止引起英国人的高度警觉，而和平协议被德国人拒绝时，德国舰队会在没有任何准备的情况下被英国人先发制人夺取船只，这也是德国舰队最为害怕的事情。在种种外来与内在的因素下，鲁伊特在自己的职责范围内只能做出一个行动，那就是自沉。

斯卡帕湾内的英德双方海军军官们从最开始阶段就曾认真考虑过自沉的可能性，只不过双方所考虑的问题方向不一样：德国人是在考虑如何实现在敌人眼皮底下自沉，而英国人是思考如何防止德国人这样做。双方海军军官凭借直觉来判断，如果德国人在和平谈判中真陷入了绝望的地位，那么舰队除了自沉以外没有任何其他选择。

英国人很快意识到，他们在防止德国舰队自沉的事情上完全处于不利的地位。由于德国舰队是在"囚禁"状态，所以他们无权登船直接进行监视，如果德国人组织到位，他们可以随心所欲地让舰队沉没，而英国人到时候肯定会对此束手无策——英国人没有任何方式来阻止舰队自沉，只能在船只沉没时迅速将船只拖上岸。

实际上，英国方面对防止德国舰队自沉问题上并非束手以待，当时的英国护卫队指挥官们充分地考虑到了这种可能性，数名英国高级军官曾经草拟了各种必要时刻夺占船只的命令。首先是英国海军中将马德尔，他曾经在5月份担负着照看斯卡帕湾德国舰队的职责，上任伊始，他就惊讶于英国人对德国舰队看管极为懈怠的情况，尤其是随着最后和平期限的来临，德国舰队最终命运即将被决定，防止舰队自沉将会是一个很重大的难题。6月16日，他完成了一份准备在6月21日中午夺取德国舰队的计划，这一天，协约国给德国下达了和平条约最后的通牒期限，夺船计划很快被呈交给大西洋舰队司令部，并很快得到了海军上将马登的批准。这份计划的内容大致如下：一支英国护卫队将被派来加强对每艘德国船只的监视力量。在英国舰队升起带有"M·Y"的国际信号旗后，届时将会有大批武装部队强行夺船，这些武装部队对应的人员如下：每60人抢夺一艘战列舰，每29人抢夺一艘轻巡洋舰，这些武装人员会强行登上德国军舰的甲板防止德国人搞破坏，德国船员们将会被驱散，之后将有一名海军军士和包括一名通信兵在内的四人小组在德国军舰的甲板上升起一面信号旗，来表示他们已完成夺船任务。除此之外，英国人计划派遣8艘驱逐舰在下锚地附近快速进入战斗位置，届时会有一名参谋军官和一名翻译官从英国旗舰"复仇"号战列舰出发登上"埃姆登"号轻巡洋舰上接走鲁伊特。德国船员们将被全部送到克罗默蒂湾——"他们的身份将会成为真正地战俘。"

6月19日，马登很快批准这一看似"经过了深思熟虑"的计划，但是这个看似十拿九稳的计划唯一没有考虑到的，就是德国人或许会反应得更早、更快。6月17日，英国海军司令马登用电话通知，和平协议签署的最后期限已经延长至6月23日。也正是这一通电话让英国人错失了夺取舰队的机会。6月20日，协约国代表团授权英国方面在签订和平协议时强行夺取德国舰队，这个抢夺时间将一直延后到6月23日下午7时。6月21日一大早，斯卡帕湾临时指挥官弗里曼特尔决定指挥他的战列舰中队到公海展开海上训练，如果有夺船的必要，舰队预计在23日晚上返航来执行夺船任务。但是令人吃惊的是，鲁伊特得知了协约国方面决定除非德国人同意签订条约，否则便将计划在两天后夺取舰队的计划。在达成真正的和平协议之前，英国人并没有打算告诉鲁伊特任何事情——鲁伊特根本没有被通知6月21日是最后期限或者之后延长到6月23日的消息。事后，鲁伊特说他的信息渠道全是非官方，他并没有获得准确的日期，当时德国国内政治变化速度非常惊人，他也将自沉事件更多的归咎于信息的不通畅。

事实上，德国人开始考虑自沉的时间可以追溯到他们离开福斯湾之前。当时威廉港内等待着出发的军官们就一致赞成舰队离开海岸线后在北海自沉。这种想法甚至也在鲁伊特脑海中浮现过。在他休假的时候就曾经与自己的副官讨论过该议题，之后在 3 月末继续讨论这一话题，那时士兵委员会的危机刚刚过去不久，鲁伊特也刚刚将旗舰转移到"埃姆登"号轻巡洋舰上。

英国报纸中刊登了和平协议中的内容，这让可以读到英国报纸的德国人从中推断出协约国想要迫使德国舰队屈服、而德国政府无力反抗的事实。鲁伊特在回忆录中提到："我当时看过新闻后的想法，就是德国政府在停战协议中表示已经放弃了这支舰队；德国政府在停战谈判中默许了德国舰队一直拘留在斯卡帕湾的现实。从这一点来看，整支舰队的所有权似乎就在我的手中。"在鲁伊特看来，英国人想要这支舰队成为躺在海面上的废物，他们最终目的是让德国舰队不再具有任何威胁性。实际上，当英国人主动提出第二次大幅削减德国船员的时候，其怀疑动机已经非常强烈了。甚至有伦敦的媒体直截了当地提出了英国人最真实想法：那就是英国必须坚决地反对将德国舰队分配给别的国家，强烈呼吁这支舰队自沉。但是在鲁伊特看来，在和平协议最终确定之前，德国舰队仍然应该保持荣誉，德国海军荣誉的概念在他的思考中占有越来越重要的地位。

德国方面，自沉行动具体计划制定于 6 月中旬，由于德国战舰特殊的抗沉设计，让德国海军有着一连串的困难需要解决。一开始，很多军官强烈要求鲁伊特做出舰队自沉的准备，鲁伊特刻意地一再限制这一类言论的散播，以防止消息会在这种封闭环境中扩散开来被英国人察觉。出于保密原因，鲁伊

特直到最后一刻也没有进行实际的准备工作。实际上，德国军舰都有优秀的防沉设计：比如很多驱逐舰的船体被设计成 12 个水密门隔间，即使有其中两个被打破，船只仍然会浮在海面上。最典型的例子莫过于在日德兰海战中，"赛德利茨"号战列巡洋舰遭到了英国海军重炮超过 20 发炮弹的直接命中，最后花了 20 个小时平安回港。

让鲁伊特感到非常意外的是，驱逐舰军官和士兵们私下里自己设计了一套自沉的方案。5 月 13 日，驱逐舰队指挥官科德思在 S138 号驱逐舰上秘密召开一次会议，会上讨论了一系列关于自沉的具体行动步骤：每个水密门隔间有一个通过吸进海水来灭火的水阀，这个水阀能够直接在甲板上操作。在甲板上用连杆操作能够使内部阀门转动，这样一来英国人的检察人员就无法从外面看出来了。到时候核心人员离开锅炉房和发动机舱，打破管子来放水，同时将冷凝器的螺杆拔出来。这样一来不需要爆破就可以将水吸进通海阀内，军官们还考虑，长达 6 个月的船舶静止状态会让海藻积累在船体上，这样可能会让水阀不能正常运作。为此，德国船员准备让水密门不停地开开闭闭来促进通过隔板的水流快速扩散。这一计划被保密得非常好，甚至鲁伊特也没有察觉这些船员们的独立准备工作，直到 6 月初才具体得知这些方案的细节。当鲁伊特获知计划后，他专门与科德思进行私下会谈，并透露出自己也有自沉整支舰队的想法，同时告诉后者不要将这个想法泄露出任何风声。

所有军官都在时刻关注着 5 月末港湾内的动静，鲁伊特还特别提示舰队的各位船长，

如果英国人在日德兰海战纪念日那天有所行动，那么全体船只就将准备自沉。出于保密考虑，船员们没有被提前提醒，事后，令英国人吃惊的是，纪念日当天军官们的庆祝实际上都是在进行"欺骗"行动。

鲁伊特真正的压力才刚刚开始加大，6月初开始，鲁伊特的指挥部加班加点地制定自沉计划。大约在6月3日，鲁伊特得知魏玛共和国总统在5月29日的一次演讲中声称将拒绝和平协定，这条新闻由一艘从威廉港赶来的补给舰那里得知。与此同时，德国船员们发现英国人正在酝酿着一个夺取舰队的计划，如果真的有夺船计划，那么在德国人看来这项计划至少已经签署，并且也在准备之中。从那一刻开始，鲁伊特痛下决心，那就是让官方知道，他们要将自己的命运掌握在自己的手中。自沉计划的最后能否成功很大程度上取决于6月中旬的最后一次削减船员的行动能否顺利施行，因此鲁伊特迫切希望运输船马上将最后一批遣返的船员带回家。

6月17日，鲁伊特为舰队自沉制定了一份详细的计划，这份计划没有注明执行日期，但是仍然发给了全体舰长，同时强调这份计划只在德国军官之间传播。命令中提到，军官们接到指示后准备随时自沉船只，要特别准备好救生船用来撤离船员，除此之外还强调要军官们准备好白旗以防止英国护卫舰队向他们开火。进行自沉的时机取决于英国人是否有要通过武力抢夺船只的举动，或者是由鲁伊特亲自发出命令。为此鲁伊特秘密设置了两个编码信号，一个编码是马上自沉，另外一个编码是晚些时候自沉。从6月18日开始，军官们应该保持最大的警觉性来等待信号，或者注意英国人不寻常的行动。命令同时强调：

> 我的计划是，舰队自沉的情况仅在敌人企图在没有我国政府的同意下抢占舰队的时候才会触发。政府可能让舰队在和平条件下投降，如果真是如此，那么就将意味着舰队被抛弃，这将是我们海军永远的耻辱。

德国人察觉到英国人在行动上唯一的重大变化，就是在审查力度上大幅增加，这意味着德国舰队收到信件的时间也大大延长了。这对于德国人来说无疑对周边环境感到紧张焦虑，更进一步强化了自沉的想法。由在被彻底孤立的条件下，德国人唯一掌握的优势就是船上没有英国卫兵，他们仍然控制着自己的舰队，但是这仍然无法抵消英国人比他们提前四天获知外部信息来源的优势，即时的信息将意味着英国人能够根据局势来调整自己的决定。

当鲁伊特看着两艘运输船分别在15号和17号接走大部分船员回国后，"埃姆登"号轻巡洋舰上的船员减少了很多。德国人这次的撤离行动进行得异常迅速，英国渔船在鲁伊特的调度下还亲切地帮忙搬东西，当鲁伊特事后回忆起这一场景时还颇有另一番意味。

在囚禁期间，从一艘船到另一艘船之间传递信息并不是一件很困难的事情，尤其是当巡逻分队分配物资时，可以在货物中夹带着某艘舰艇上的报纸进行传播，当然，

■ 在日德兰海战中遭受重创的"赛德利茨"号战列巡洋舰。

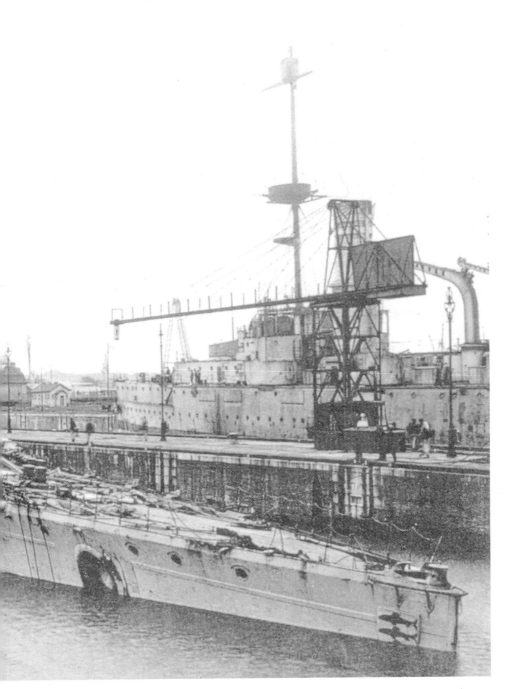

■ 因反对凡尔赛和约而最终下台的沙伊德曼总统。

这些报纸主要来自于定期到斯卡帕湾的补给船只。军官们和士兵委员会大多都通过这一方式传播信息，更重要的信息要通过口头传达。

6月20日，鲁伊特自沉计划的秘密至少通知了两艘主力战舰的指挥官。战列巡洋舰的舰长们认为船员势必会阻碍这一计划的实施，所以他们也开始到船上到处奔走。一艘主力战舰的士兵们似乎也猜出了些许异样，他们专门留意着军官们的特殊举动。但是更多的德国人却表示不愿意为自沉计划出任何力。不久后，鲁伊特给舰长们直接下达第二道命令，为了减少不必要的麻烦，鲁伊特要求各舰舰长们酌情考虑告诉全体船员。有一些船长这样做了，一些船长仍然选择沉

默，直到自沉的前一刻才通知船员。英国人在当天下午给鲁伊特下达了新的命令，根据英国人下达的命令重新起草舰队命令和发布命令等事务也让鲁伊特忙了一整天时间，以至于他在当天夜里才读到6月16日的《时代周刊》（比正常的晚4天）。杂志中写道，协约国给了德国一道新的最后通牒，要求德国方面必须在6月21日中午接受和平协议，否则将重新回到敌对状态。鲁伊特就是读到这条新闻，才决定在第二天早上，也就是6月21日执行自沉计划。

实际上，鲁伊特在此获知的信息出现了严重的滞后性——就在6月20日当天，反对和平协议的德国总统沙伊德曼（Scheidemann）宣布辞职，换上了接替他职务的保尔（Bauer）。同一天，国会以237票对138票的最终表决接受了协约国提出的和平协议，并决定在6月23日正式签署（德国实际上最后在28日签署和平协定）。事后，鲁伊特坚称他不知道这一切，直到在舰队沉入海底后的第二天才得知德国政府签订和平协定的这一事实。

尽管德国人故意装作对时政信息一无所知，但是德国官方透露，在鲁伊特下令自沉前至少一部分军官得知了推迟和平协议签订的消息。

6月20日夜，鲁伊特满怀荣耀感地决定执行舰队自沉计划。触发这项决议的导火线很简单——从他读到的《时代周刊》中，就英国人的论调来判断，德国很有可能会让舰队投降。鲁伊特认为此举会让他的祖国蒙羞，这与他之前相信政府能够力争德国舰队回到德国的想法大相径庭，现在舰队除了投

降之外已经看不到希望。他伸手去拿笔和纸，以军官代表的身份草拟一份反对信，准备第二天一大早通过英国旗舰的通信设备发给德国政府。但是这封信始终没能发出。第二天早上，一支由5艘战列舰组成的英国舰队在其他小型船只的协同下出港进行训练。看到此景，鲁伊特已经暗自下定决心——德国舰队必须自沉。

"荣耀的自沉"

德国海军少将路德维希·冯·鲁伊特，斯卡帕湾德国囚禁舰队最高指挥官，1919年6月21日早上对他来说是个终生难忘的日子。在这一天一大早，他穿上了皇帝时期的军礼服，外套的右胸部位佩戴上了他的一级铁十字勋章和其他的奖章。当他出现在他的旗舰"埃姆登"号后甲板上时，眼前展现出一幅美如画卷的景色——盛夏早上的阳光穿过清澈的天空，空气寂静而温暖，他在甲板上走来走去，"就像是在等待什么事情发生一样"，时针马上指向早上10点钟，他的参谋长向他做了一番口头报告，主要汇报了执行看押任务的英国战列舰在巡洋舰与驱逐舰伴随下离开斯卡帕湾的这一讯息，同时他看到一份英国5月17日的报纸，上面说协约国在当天的谈判中力促德国政府将所有的舰队用来换取经济特权。参谋长最后说德国B98号驱逐舰将在明天从德国赶来。10点整，鲁伊特下令"埃姆登"号轻巡洋舰挂起国际通信旗"ＤＧ"。这面旗帜的含义是要所有船只特别留意接下来的信号旗。10时30分，他做出了下一步指示。他叫来负责旗语的士兵特别说明："按照指示，打出'第11节，确认'的信号"。这条看似简单的信息，却正是先前制定的自沉暗号——这是6月17日制定的命令中的暗语。

很快，这道密令通过旗语反复地传向整支舰队，同时还用信号灯发出摩斯电码加以重复。自沉的命令短时间内传遍了整支舰队。由于英国人的通信管制，德国人只能使用这类代号性质的简单信息作为通信密码，但仍然有很多船只没有收到这道命令，部分船只直到发觉他们邻近船只自沉后才反应过来。

旗舰视野之外最南面的区域停满了驱逐舰，大约11时30分，"埃姆登"号发出的信号才被驱逐舰编队接收到。根据事先制定好的计划，各舰回应的密码是"第11章节已确认，船长XXX（船只编号）"。在所有德国水兵中，最后知道自沉信息的是旗舰"埃姆登"号轻巡洋舰上的船员。两艘英国渔船和一条给水舰当时就停在"埃姆登"号的旁边，当时这几条船正准备将淡水分配给整支舰队，鲁伊特没有冒险在旗舰的船员中间散布自沉的消息，因为英国人就在身边，他害怕船员们会泄露给英国人，因此"埃姆登"号的船员们仍然不知道这个计划。12时10分，他最后发出一道确认命令——在第一条自沉信号发出100分钟之后，整个自

■ 被英国人所俘虏的德国水手。

沉计划全面开启。首先是"腓特烈大帝"号，当时他距离旗舰"埃姆登"号仅有两个泊位，自沉的同时舰长还下达了全体弃舰的命令。12时16分，"腓特烈大帝"号以惊人的速度开始倾覆并且沉没，这是整支舰队第一艘沉没的船只。包括鲁伊特在内的很多军官都记下了这个满意的结果。"她亏欠我们太多了。"这是一名军官日记中找到的内容。很多驱逐舰也紧随其后潇洒离去，他们在自沉过程中升起了红旗，但这不是革命者的旗帜，而是国际惯例中"Z"字信号旗，意思是"向敌人进攻。"

与此同时，负责看押囚禁舰队的英国第一战列舰分队在第一时间得知了自沉的消息，当时的指挥官是弗雷曼特尔海军中将，他是一名缺乏远见但诚实本分的军官。他指挥的舰队拥有5艘"R"级战列舰，还有两艘轻巡洋舰作为舰队先锋，另有9艘驱逐舰。舰队隶属于马登海军上将指挥的大西洋舰队，自沉事件发生后，弗雷曼特尔在6月22日发给海军部的报告中这样描述："第一战列舰分队得到我的许可，将在1919年6月21日执行鱼雷训练任务，在这段时间里德国舰队开始自沉；训练中，舰队在6月

20日周一23时50分曾用发报机同海军部有过联系，但是在6月21日9时30分至18时之间没有同陆地有过联系。"

这类训练对于英国人来说再正常不过了，英国舰队在看押德国舰队时本可以得到休整，但是出于保持战斗力的考虑会定期进行这类训练。弗雷曼特尔最初计划用三天的时间来完成训练，一直到6月23日为止。当然，英国人也在斯卡帕湾留下了一只小型的护卫舰队，包括经常停在德国舰队的视野范围之内的两艘驱逐舰，还有两艘补给舰"桑德赫斯特"（Sandhurst）号和"胜利"（Victorious）号，另有第三艘驱逐舰在临时没有任务的情况下也会停在海湾内，除了正规军舰外，英国人还有一支用作日常巡逻的渔船编队，这些渔船上都配备有武装人员。

根据弗雷曼特尔原定的计划，他的战列舰分队将在21日进行一次模拟驱逐舰对战列舰展开鱼雷攻击的演习。他的旗舰"复仇"号战列舰的航海日志中记载了6月21日13时收到的信息："德国舰队自沉"。这是由驱逐舰转达而来的消息，当时斯卡帕湾内已经有两艘德国主力战舰沉没——"腓特烈大帝"号在12时16分沉没，"阿尔伯特国王"（Koenig Albert）号在12时54分沉没，这两艘船都是战列舰。弗雷曼特尔下令所有的船只全速返回斯卡帕湾，下午2时，首批行动迅速的驱逐舰返回，最后一批在4时也返回港内，当最后一批英国舰队进入港内时，仍漂浮在水面上的德国船只仅有3艘主力舰、3艘轻巡洋舰和少数的驱逐舰——而在先前这是一支总计74艘舰船的庞大舰队。

因恐慌而造成的混乱在英国看押渔船中蔓延开来，英国人渐渐明白到底发生了什么事情。当主力舰队赶回来时，这种混乱效果翻倍了，英国驱逐舰上不断有小口径武器射击德国船员，甚至偶尔会有驱逐舰火炮开火。由于德国档案中对此的记录十分混乱，很多记忆和时间线有很大的出入，并且有很多未经证实的或者歪曲事实的说辞，在此就选择一些严重且较为真实的事例来进行讲述。

不容否认的一个事实，就是在 6 月 21 日共有 9 名德国人被打死，而英国人也为他们立起了 8 块墓碑。时至今日，我们仍能在斯卡帕湾旁边的小岛上看到这些墓碑。除此之外，英国人的"屠杀"还造成了超过 16 名德国人受伤。这其中有大量证据来证明英国人是这次流血事件的罪魁祸首，因为这些伤亡人员"全部是英国人向德国人开火，以防止德国人离开甲板登上他们的救生艇，其初衷是在恐吓他们取消自沉行为"而造成的。

瓦特（Watt）小姐是一名流血事件的见证者，她亲眼看见一名德国船员的死亡过程，这名死者经确认是是来自巴伐利亚的通信兵汉斯·海森（Hans Hesse）。根据瓦特小姐描述，"一艘渔船拖拽着两三艘德国救生艇，上面挤满了德国船员。其中一人手握着一把小刀，试图剪断托索让救生艇脱离渔船。一名皇家海军士兵举起他的步枪向他射击"，另有 5 人是被炮火击中救生船而死亡。

根据英国方面的记录，当自沉事件发生时，两艘停在德国舰队旁边的英国驱逐舰被渔船拉响的紧急信号所惊动，两舰火速开进了霍伊岛和法拉岛之间，当他们抵达驱逐舰编队，也就是距离最近的德国海军军舰旁边时，由于这些驱逐舰远在旗舰"埃姆登"号视野之外，此时才刚刚接到自沉的指令。这些驱逐舰与舰队其他部分是分隔开来的，但是伤亡人数却达到了总伤亡的一半——整个自沉过程中有 4 人死亡，8 人受伤。

自沉事件发生时，英国两艘驱逐舰和四艘渔船靠近这个分队用轻武器向船员们开火。V126 号上的 13 名在救生艇上的士兵有 3 人被打死，4 人受伤，剩下的船员被命

■ 坐沉在斯卡帕湾的"巴登"号战列舰。

■ 弗里曼特尔在"复仇"号战列舰上会见鲁伊特，向他宣读自己的"抗议"。

"边境总督"号战列舰最终在下午4时45分沉没，这是倒数第二艘沉没的德国战舰[1]当德国船员进入英国战俘营之后，鲁伊特与一些军官和士兵曾收集部分英国人"暴行"和刻意制造血案的证据。这其中不免有些夸大事实的说法。鲁伊特在他的书中曾列

令返回甲板，并遭到了开火的威胁，但是当时驱逐舰上大多数通海阀都被打开，一名在V127号上的锅炉工在救生艇上被射中腹部，不久后死掉了。英国人很麻利地将3艘德国驱逐舰拖上岸，这其中包括V126和V127号。另外有5艘沉入浅水的舰船并没有被彻底淹没。事后，一名被关押进战俘营的军官这样写道："这是一种庄严而深刻的感觉，我们美丽的舰队已经不复存在了。"

一艘渔船上的武装部队登上了"边境总督"（Markgraf）号战列舰，船长瓦尔特·舒曼少校坚持完成最后的破坏行动来确保船只沉没，但是却遭到了英国人无情的子弹——一颗子弹射穿了他的头部，即便如此，德国舰队的首席工程军官、舰队工程师福斯特曼（Faustmann）仍然冷静地完成了工作，

举了很多事实来说明英国人刻意制造屠杀。事实上，英国舰只确实射出了大量弹药，几艘打着白旗的德国救生船在混乱中遭到猛烈射击，甚至在陆地上也有火器在射击德国船只。在卡瓦岛上，一队带着干草叉的妇女吓跑了一船登陆的德国水兵，当时德国人正企图在沙滩登陆。

当弗雷曼特尔返回海湾的时候，一些驱逐舰已经开始用主炮轰击德国人了，但是几乎没有命中目标。在"埃姆登"号甲板上，自沉的命令下达后，船员们的士气提升到了空前的高度。鲁伊特和他的参谋们爬上前来搭救的渔船想要上岸，他准备首先找到主管岸上事务的英国军官来说服他停止向德国船员射击。不久后，渔船在霍伊湾的海滩上停下，在海滩上卸下了他的参谋

---

① 最后一艘是在5时整沉没的"兴登堡"号战列巡洋舰，该舰船长黑登（Heyden）冷静的安排了沉船事宜，以便于在船只沉没时能够让船员们更加安全的逃脱。

们，之后将鲁伊特"押送"到英国人的"胜利"号补给舰上，在那里可以清楚地看到整支舰队沉没的景象。鲁伊特被送上岸，一辆汽车停在了登陆点，身边的英国人指出了"穿网球衣的年轻先生"是他们的长官，那人正在走出汽车。鲁伊特非常惊讶于这名海岸指挥官是如此的年轻；事实上他是奥克尼群岛海军航空站的指挥官，基地设置在法拉岛。这名军官非常生气，他返回汽车拿出照相机拍下了舰队沉没的一幕——当时的射击仍然在继续。

渔船带着鲁伊特返回"埃姆登"号，但是不幸的是搁浅在卡瓦岛的浅滩上。他写道："船只周围布满了暗礁。我的指挥官旗仍然飘扬在不远处的'埃姆登'号上——它不能！不能消失！"渔船在1个小时后再次被海浪冲起，最终驶入了开阔的海域，进入视野的第一艘船是"大选帝侯"（Grosser Kurfuerst）号战列舰，这艘战舰已经濒临死亡，她"高高地屹立在海面上。两根缆绳断开时的声音都很大，随后重重地沉入海底并且倾覆。红色的船底直插入蓝色的天空。"此时是下午1时30分。

半小时后，外出训练的英国舰队第一批驱逐舰才返回斯卡帕湾，他们进入海完后第一步就是拖着"埃姆登"号向海滩驶去，英国人最后成功了——这让从旁全程观看的鲁伊特感到非常遗憾——德国舰队的旗舰没能沉入海底。之后，他请求"巴伐利亚"号充当他的旗舰，渔船向这艘战列舰驶去，在不远处将一行人放到了救生艇上。"巴伐利亚"号再次升起鲁伊特的司令旗，这艘战列舰也在下午2时30分如愿倾覆沉没。向四周望去，

鲁伊特看到一艘英国驱逐舰正在拼命将"不来梅"号巡洋舰向海滩上拖去。让他欣慰的是，这艘船最终在2时30分沉没，英国人不得不剪断缆绳以防止自己也被拖下水。除了"埃姆登"号之外，还有两艘轻巡洋舰没能完成自沉的壮举，"法兰克福"号被海浪冲上了浅滩，"纽伦堡"号在英国驱逐舰击碎锚链后搁浅。剩下的五艘轻巡洋舰全部在1时5分和3时50分之间沉没。另外一个让人难忘的场景发生在"赛德利茨"号战列巡洋舰的甲板上——自沉行动开始后，船员们在甲板上立正站好，唱着国歌，目视邻近的"毛齐"号战列巡洋舰在1时10分沉没，之后，他们弃舰后看着自己的军舰在40分钟后沉没。"巴伐利亚"号沉没后，鲁伊特放弃了到一艘德国军舰上的打算，要求英国渔船把他带到英国旗舰"复仇"号战列舰上，登船时间是下午4时。

大量描写斯卡帕湾内荒凉景象的报告陆续发来：水面上的大片残骸、大块的油渍、被丢弃的救生船、从沉船中泛起的大量气泡、太阳仍然发亮，巡逻船拖拽着救生艇在水面航行，这一幕幕景象宛如刚刚经历了一场大规模的海战。当天夜里，幸存的德国船员被分别关押到五艘英国战列舰上。弗雷曼特尔特别"要求"要以最低等的待遇对待德国人，这一点"要求"被忠实地执行了，士兵们的行囊遭到了疯狂的洗劫；手表和小刀被偷走，德国船员遭到暴打，一个来自"威廉皇太子"（Kroenprinz Wilhelm）号战列舰上的士兵被揍掉了自己的假牙，鲁伊特的斗篷也被英国水手偷走。

鲁伊特和他的参谋们被带到了"复仇"

■ 从尾部开始倾覆的"巴伐利亚"号战列舰。

号战列舰内的一间高级军官套房中。当他被带到甲板上见到弗雷曼特尔时，对这位一直举止良好的英国军官的看法产生了一些改变。弗雷曼特尔公开指控鲁伊特是在"背叛"，鲁伊特很坚决地拒绝这项指控，按照他在回忆录中所描述的，他认为"这支舰队最崇高的归宿就是自沉"。他认为双方会重新开始敌对状态。但随后令他吃惊的是，弗雷曼特尔宣布停战协议延长两天。弗雷曼特尔告诉了他一条"非官方"的消息——在自沉之前停战协议已经延长了两天；而鲁伊特一直坚称在 6 月 21 日夜里之前他根本不知道任何关于这件事的进展，毕竟英国人一直将这支舰队与外界的联系切断了。至于英国人妄图抢夺德国舰队的企图显然彻彻底底的失败了。鲁伊特告诉弗雷曼特尔，他从四天前英国给的报纸中看到德国人拒绝和平协议的消息。当晚，鲁伊特和参谋玩起了纸牌游戏，"我承认"鲁伊特在书中写道："那一晚是我这阵子以来最放松的时刻。"

午夜之后，英国战列舰离开斯卡帕湾，上面搭载着 1774 名舰队幸存的德国官兵。弗雷曼特尔特别给舰队下达指示，强逼德国船员睡在战列舰铁甲板和炮塔上，甚至不会给他们提供毯子，这让那些在自沉过程中被海水浸湿了衣服的船员着实感到郁闷。

当英国战列舰舰队下锚后，鲁伊特和其他德国军官登上岸，被召集到一起后再次集体登上"复仇"号战列舰进行了一场独特地告别，参加这次告别仪式的还包括英国皇家陆战队和英国军官，这些英国人都僵硬而笔直地站着，目视着弗雷曼特尔出现，后者宣读一份文件。文件内容如下：

冯·鲁伊特将军，在我向你表达我的感受之前，我不能允许你和你的军官解除囚禁状态。你侵犯了我们彼此共同的荣誉和两国船员之间令人尊敬的传统。

现在，和平协议已经全面实施，但是因为你的行动，让交战双方重新开始了敌对状态，因为你在没有任何提示的情况下就在舰队中升起了德国国旗，并在之后自沉了你的舰队。

你告诉我的翻译官说你认为和平协议已经终结了。

但是你没有理由去做出这个假设。

你应该由我告知你们国家的代表是否签署和平协议。实际上我准备一旦收到条款就会发给你。另外，你认为我方舰队前往外海就是终结停战协议的想法也是部队的。

你的行为已经一再地背信弃义，德国人的荣誉在这场战争中已经早已失去荣光。

从你们入侵比利时的那一刻，你们就背叛了陆军的荣誉，现在你的行为是打破了海军的荣誉。

你怀疑新的德国政府不再相信旧的德国。

你的国家是否会起诉你的行为，我对此不得而知。

我只是表达，我相信英国海军将会起诉你，除了你的国家海军之外，其他国家海军也要起诉你。

我现在转告你，英国当局将会把你们当做战俘进行监管看押，因为你们犯有破坏和平协议的罪行。

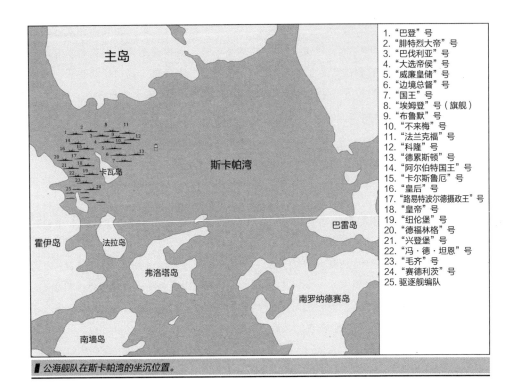

1. "巴登"号
2. "腓特烈大帝"号
3. "巴伐利亚"号
4. "大选帝侯"号
5. "威廉皇储"号
6. "边境总督"号
7. "国王"号
8. "埃姆登"号（旗舰）
9. "布鲁默"号
10. "不来梅"号
11. "法兰克福"号
12. "科隆"号
13. "德累斯顿"号
14. "阿尔伯特国王"号
15. "卡尔斯鲁厄"号
16. "皇后"号
17. "路易特波尔德摄政王"号
18. "皇帝"号
19. "纽伦堡"号
20. "德福林格"号
21. "兴登堡"号
22. "冯·德·坦恩"号
23. "毛齐"号
24. "赛德利茨"号
25. 驱逐舰编队

主岛

斯卡帕湾

卡瓦岛

巴雷岛

霍伊岛　法拉岛

弗洛塔岛

南罗纳德赛岛

南墙岛

■ 公海舰队在斯卡帕湾的坐沉位置。

一名翻译官将这份文件用德语翻译给了鲁伊特，那名翻译官站在那里面无表情，他的眼睛像阅兵一样扫视着。鲁伊特用德语简单向英国翻译官诉说出自己的想法：

告诉你的长官，我不认同他演讲中对我的职责的界定，在这个问题上我们理解的角度迥异。我自己承担责任。我相信换做任何一名英国军官，他们都会像我这样去做。

鲁伊特对于1919年仲夏那天发生的事情有这样的记录：

现在德国舰队躺在了冰冷的海底，在我看来，我和战友们是紧握着手完成了海军最后的这一次爱国行动。

弗雷曼特尔声称，他准备在停战协议签订期间夺取德国舰队（无论最后的结果是签订和平协议还是双方重新开战）。毫无疑问，最后的结局让他感到十分尴尬，因为他们在"复仇"号甲板上看到的一幕，与他们的计划完全相反。

余 波

这是战争史上最伟大的自毁行动，同时也是一次毁誉参半的行动。各国对此次事件也有着迥异的态度。英国人虽然在表面看起来愤愤不平，但是在私下却很宽慰（因为德国舰队如他们所愿地消失掉了）；德国官方名义上显得很懊悔并且一再表示与这件事毫无干系，但是私下里还是为此感到骄傲；法国人异常愤怒并且极具复仇心理；美国人则对此耸耸肩表示无所谓。不管怎么说，鲁伊特是这一事件的核心。英国皇家海军高层之间在 6 月 22 日的一封信中非常好的概括了这一事件，这封信来自于当时在凡尔赛进行和谈的英国代表团："在我看来，德国舰队的自沉是非常值得我们祝福的。"当时的英国首相劳合·乔治无疑也会这么考虑。

毫无疑问，如此强大的舰队无论交到哪国手中势必会打破世界海洋霸权的平衡，将这支舰队彻底毁掉无疑是英国人最希望看到的结果。丝毫没有证据表明鲁伊特的自沉行动是受到柏林方面的指使，德国人从英国驻丹麦大使那里才得知这一消息。英国希望搜集是否有鲁伊特同柏林方面关于自沉的命令，为此英国人将对德国海军在基尔和威廉港的基地作了详细调查。除此之外，英国人反常地写下一份空头支票来为相关的消息买单。英国统治阶层表示只有找到共谋的证据才是当下最重要的。但是随后证明这一想法彻底失败了，双方记录中都标注了缺乏证据

的情况，这成了双方就此事态度高度统一的象征。

在自沉数天后，德国海军部展开一次国际调查，并在之后给大西洋舰队司令马登上将发出了一份电报，内容是要求马登火速制作一份全面的报告，就自沉事件和德国舰队监护情况做出详细说明。协约国方面还专门组织了一个调查委员会负责在英德两国之间寻找证据。1919 年 6 月 23 日，调查委员会做出一份报告，里面的内容并不带有决定性，多以猜测为主，其中就包括："……看起来英国和法国的海军代表从来没有就德国水面舰队应该投降还是拘禁的问题上达成一致，双方政府首脑只是勉强承认了囚禁这一决定，但是之后一再地推翻……"

在将近 6 个月徒劳的调查之后，一份在协约国看来有"决定性"的信件被英国人发现，这就是我们前文提到的那份冯·特罗塔上将给鲁伊特的信件，这封信是在 1919 年 5 月 9 日由运输船悄悄偷运给鲁伊特的，英国人直到 12 月初才在"埃姆登"号甲板上搜查时发现。英国人指出有两艘轮船在 6 月 17 日抵达斯卡帕湾，同一天鲁伊特下令舰队自沉，英国情报部门怀疑这是鲁伊特接到从轮船上带来的命令才下令自沉的，这封信很可能隐藏在罐头甚至面包里！这显然是个很不牢靠的证据，但是协约国需要合法的证据来提出对自沉舰队的赔偿要求。1919 年 12 月 8 日，协约国指控德国政府给鲁伊特

下达了自沉舰队的命令，并指出特罗塔的信件就是确凿的证据。之后，协约国方面要求补偿 5 艘轻巡洋舰和 40 万吨造船厂设备，包括干船坞、起重机、拖船和挖泥船——为了防止德国人"赖账"，自沉舰队的船员们被关押在英国监狱中作为人质来让德国履行这些条件。

经过 6 个月漫长的监狱生活，鲁伊特认为英国人肯定已经罗织了大批战争罪来准备强加到他的头上，这其中会包括违反和平协定或甚至更加离奇的罪名；德国军事法庭也可能会判处他损害国家财产。协约国原本确实打算要控告他，但是在 7 月 21 日他放弃了这个想法；因为协约国发现这封特罗塔写的信件并没有提供任何实质的帮助。《时代周刊》在对自沉事件的报道中，指控鲁伊特破坏了和平协议。鲁伊特在他的书中写道："（如果）接受这个想法，

■ 沉没的"德弗林格"号战列巡洋舰。

■ 已经完全倾覆的"赛德利茨"号战列巡洋舰。

我将马上会被提审，在英国人审判之前，我不会给出更多的信息来证明我的动机。我也不需要提交任何书面报告。"

事实上英国人并没有采取控告他的行动，甚至在法国和意大利公开为沉船事件指责英国海军部以及美国代表纵容此次事件时，英国人仍然采取了纵容的态度，这就体现了英国人在其中的意味。之后的争论焦点很快转到了英国人没有有效地制止沉船行为的责任上，这导致英国皇家海军处在很尴尬的位置，更导致了战时盟友之间的关系变得紧张起来。因此英国人也努力搜罗证据，可却始终找不到任何证据可以证明特罗塔的信件就是自沉命令。所有相关的指控都出自于臆想和扭曲。而鲁伊特无论是在手下军官还是本土的同僚眼中，都获得了至高无上的荣耀。

让人颇感惋惜的是 B98 号驱逐舰的舰长海斯滕贝格（Henstenberg）上尉，他在 6 月 21 日指挥他的驱逐舰从威廉港启程前往斯卡帕湾。在到达海湾外北海的集合地点后同英国海军"威斯克"（Westcott）号会面，之后在其引导下进入斯卡帕湾，进港后英国人故意领着他绕道航行，以便尽可能少地暴露下锚地内德国舰队的情况。可海斯滕贝格还是发现了一些搁浅的驱逐舰，这可能是属于第六驱逐舰分队，他开始渐渐明白这里发生的这一切——"这看起来像是德国舰队发生了自沉的事件"。不久后，他的驱逐舰被一支英国武装部队控制。这是一个明显破坏和平协定的行为，海斯滕贝格马上下达了自沉命令，但是英国人制止了他。船上的德国水手们被英国人宣布成为战俘，他们的船也

被当成了英国人的战利品。一周之后，这些船员被一艘德国轮船送回家，但是英国仍然扣押着 B98 驱逐舰，并宣称因自沉事件发生而使"斯卡帕湾处在战争状态"。而德国人对此的答复却是："我们销毁自己武器的作法不能被视作敌对行为……"

非官方的敌对状态一直持续到自沉舰队的船员们被送上陆地为止。他们在自沉后第二天的晚上进入了斯卡帕湾内的军营中，之后被赶上了火车转移到南面的英国战俘营。在斯卡帕湾港内挤满了充满敌意的人群，其中包括下了班的士兵、妇女甚至儿童，押送队伍旁全是嘘声、吐口水、拳脚相加、扔石头和垃圾的人群。鲁伊特在被重重护卫下带到一个银行取钱。这个大约 1000 人的队伍很快就被四面聚拢而来的群众所包围，一名妇女猛打鲁伊特的肩膀，一个男人拿起煤块砸到了他的脸上。

不过漫长的火车之旅并非全无好处。在经过不舒服和肮脏的 7 个月船上生活后，悠闲的火车在辉煌灿烂的天气下穿越壮丽的高地风景，很多船员都为此情此景流下了高兴的泪水。

虽然英国人充满敌意，但是当海军船员们踏进战俘营时仍然受到了德国士兵们的热烈欢迎。尽管英国媒体并没有得到准确信息，但是一些报纸仍然发表了德国舰队已经自沉或至少发生了自毁行为的新闻。德国媒体所站的角度完全不同，他们在头条位置这样记录自沉事件——"德国海军最后的英勇行为"和"150 亿马克沉入海底"。

■ 坐沉的"兴登堡"号战列巡洋舰。

自沉行为在德国群众之中引发了广泛的兴趣和认可，但是也诞生了很多不同的声音，比如 1919 年 7 月 3 日的柏林《世界舞台报》中就刊登过一篇文章，作者是属于左翼的人士：

斯卡帕湾的行动会成为最为邪恶的预兆。这是军国主义的膨胀，这种行为直接威胁到共和国的民主力量。德国媒体所倡导的'德国船员的英雄功绩'会妨害和平。难道自沉舰船的行为会是英雄主义行为？停战协定与和平才是真正的重点，而士兵的英雄主义会将和平条约彻底撕成碎片，这是一个反对国家的犯罪行为。海军官兵可能不知道，但是海军司令必须意识到他的行为是暴力反抗德国政府。要知道，冯·鲁伊特甚至自己说自沉舰队的行为是按照皇帝命令执行的！[1]

---

① 德国皇帝当时早已经退位，这里有污蔑鲁伊特同前政权串通的意味。

■ 两艘坐沉的德国驱逐舰。

当时的法国首相克莱蒙梭就自沉事件和柏林街头焚烧法国国旗事件做出抗议，他在 1919 年 6 月 25 日的日记中提到，当时专门把这个抗议递交给凡尔赛的代表团。德国政府的回复则是完全否认："……自沉事件……是在没有任何预知情况下进行的，任何德国本土的军官或者任何军事当局都不知情。"同时德国方面就沉船之后英国人趁机洗劫并开枪射击的行为提出抗议，英国人则是完全否认，但是稍后承认这一行为只是个别士兵没有听从命令所做出的。

英国海军委员会专门负责盘问并接待囚禁舰队的船员，但是直到 1919 年 7 月中旬，鲁伊特也从来没有被提请问询，他据此推断自己将不会被英国或者德国送往法庭审判。

在囚禁期间，鲁伊特始终坚持舰队自沉责任主要在于他，他制作了一份关于自沉事件的报告呈报给上级，同时利用秘密渠道送回国内。他坚持要一名德国军队预备役中尉罗布森（Lobsien）返回国内，这名中尉当时准备要参加石勒苏益格－赫尔施坦因的公民选举活动。在 8 天时间里，鲁伊特和罗布森反复地润色了这份报告。7 月 15 日，这名中尉带着报告离开，并且将这一报告递交给了德国海军部。鲁伊特的这份报告正文内容如下：

我就1919年6月21日斯卡帕湾内自沉事件做出如下两个解释：

（1）一名海军指挥官在外国水域无法

---

① 在敌军试图抢夺他们或者德国拒绝停战协议后，舰队将会自沉；如果德国签订条约则将会投降。

与本土取得联系，他的行为具有自主权，他的选择将会首先考虑祖国的需要与海军荣誉感；

（2）德国舰队必须保证在战时不能落入敌军之手。[①]

6月20日，周一下午，我从6月16日发行的《时代周刊》中得知德国反对和平协议的提案，提案中涉及德国舰队将会作为交易品被转让给协约国。这一天晚上，我用无线电发出信息试图联系德国政府询问官方，是否应在投降之前自沉舰队。

事实上这条信息仅仅在21日早上到达弗雷曼特尔处，并没有转发回国。在我读到6月17日的《时代周刊》时，发现其中提到协约国向德国发出最后的官方通牒，协约国拒绝接受德国反对提案的要求，这其中还尤其强调拘禁的舰队必须作为金融筹码。德国被要求在5天之内（从6月16日开始计算）考虑好是否接受条款。

我不得不推断，如果和平协定没有在6月21日签署，德国与协约国战争状态是否会重启。

通过对条约最后的措辞、政府发言人在德国国民大会中的演讲和德国媒体的态度来判断，我认定和平条约并没有被我方签署通过，战争状态将在周六重新开始。结合这些条件，我应该说我没有从英国和德国政府方面得到任何关于和平协议进程的消息，我的消息只有6月16

日的，连德国政府就此有任何表态都无法得知。我仅有的信息渠道是英国报纸，在那里我得知的消息都是四天之前的。在相信战争状态已经恢复的情况下，我在6月21日向舰队下达了自沉命令。6月21日，当我登上英国旗舰"复仇"号战列舰之后，得到的第一个消息是停战协定截止日延后到了6月23日，这是从弗雷曼特尔海军中将处得知。但是在我的脑海里丝毫没有感到破坏了停战协议的行为。

事实上，被切断所有最新消息来源，根本不能算是鲁伊特"行使自主权"的理由。不过在英国护卫舰队离开港口进行训练时进行自沉，也只是一个巧合。

让鲁伊特困惑的事实是，协约国方面并没有就自沉事件对他提出审问，这可以理解为英国人不希望皇家海军被追责。德国法庭也不找他麻烦，很可能是为了防止协约国把责任归咎给德国。

▌在被英国人捞起之后，除少数战舰被用作实验以外，大部分德国战舰都被拆解。图为一位正在拆解德国12寸装甲的英国工人。

直到1926年才被打捞出水的"兴登堡"号战列巡洋舰。

包括英国人、德国人在内的所有人都对斯卡帕湾沉船事件感到高兴,根据当时在岛上的邮局员工回忆:"至于奥克尼群岛上的反应,我们都很高兴他(鲁伊特)所做的这些。协约国他们自己就不停地争论这支舰队该如何处理。而他却和平地解决了这件烦心事——虽然他们曾给我们邮局带来了大量的就业岗位!"

另一名英国人回忆道:"每个人都认为这是能见到的最好结果,这一举动彻底终结了协约国之间就舰队去留问题而引发的令人恐惧的无休止争吵。"

作为被英国囚禁的最高级别德国军官,鲁伊特在沉船后开始花费大把时间来为遣返他的船员们回国做出巨大努力,其根据是《凡尔赛和约》提出的遣返所有战俘的承诺。与此同时,英国媒体界就拘留德国战俘造成的高额花费及将数千名德国战俘遣送回国可行

性问题展开了广泛讨论。但最终这些自沉舰队上的船员还是被英国方面扣留了下来。

1919年秋季,协约国对德国方面提出了详细的舰队赔偿要求,并将这些要求列入条约的协议草案。这一要求包括:5艘轻巡洋舰必须在60天之内交付给协约国方面;40万吨船舶物资装备必须在90天内交付(10天之内列出物资清单)。不幸的B98号驱逐舰在自沉当天刚刚抵达斯卡帕湾,这艘驱逐舰也随之被英国人没收,而只有在德国人完成上述两个要求后,自沉舰队的船员们才能被遣送回国。换句话说,船员们成了保证德国履行赔偿草案的人质。鲁伊特现在感到非常愤怒的,就是德国杂志看起来对船员们的命运毫不关心,政府同样也显得不够积极。他起草了一份电报发给政府方面陈述这一问题,并将一份备件发给德国媒体,以确保这一电报不会在柏林"合适的时候"消失掉。

■ 完全倾覆的"皇帝"号战列舰。

除此之外，鲁伊特还给英国总理劳合·乔治写了一封信，信中迫切要求他在10月13日遣送他的船员回国。这封信通过一名同情德国的瑞士公使馆官员传达，瑞士当时也是德国战俘的保护国。这封信由三页高质量的纸张组成，上面写满了整洁、优雅而清晰的蓝墨水笔迹，副本交给了当时在柏林的冯·特罗塔将军保管，他当时已经成了德国海军最高司令。

在这封信中，鲁伊特再次陈述了他的观点：他在被德国政府和英国护卫舰队蒙蔽的情况下做出的这一自沉行为是正义的。根据他的供述，"德国总理在国际会议中公开宣称他将不会在和平协议上签字……作为一名军官，我当时不认为双方会签订和平协议。"

鲁伊特告诉劳合·乔治，他对舰队自沉动机的合理设想是战争将会再度爆发，那时候他仅有两个职责：一是必须作为一名指挥官在敌国水域根据他对国家和荣誉的见解，来对突发事件独立做出判断；另一个就是所谓的"舰队必须保证不能沦入敌手"。他补充道："在我指挥下的舰队是支残废舰队，对我来说最好的结果就是将舰队自沉……我确信英国指挥官也有着同样的准则，并且在此种情况下同样也会做出此种行为。"这并不是故意或是恶意侵犯停战协议。他的作法只不过是"一名满怀荣誉感的军官"的所作所为。从斯卡帕湾遣返回国的船员曾有过这样中肯的评价："我们毕竟只是执行我们的职责，不应该受到正义、骑士精神和或任何道德标准的指责，我们仅仅成了一种复仇心理的牺牲品。"

鲁伊特实际上在写这封信之初就有着一些错误的估计。"我只是与我的副官以及其他六名斯卡帕湾德国舰队的船长讨论过这些问题，我们并没有将具体的遣返计划列入

■ 倾覆的"毛奇"号战列巡洋舰。

■ 正在拆解"毛奇"号战列巡洋舰的英国工人。

■ 被打捞出水后，在船坞中拆解的"赛德利茨"号战列巡洋舰。

信中……其他被拘押的官兵肯定也会同意我们的说辞。"事实上，将大量战俘遣返受到了运输能力的制约，但是所有自沉舰队的军官至少可以在10月末被全部遣送回国。

劳合·乔治没有反对进行遣返计划，但是法国却哭丧着脸来急忙劝阻。1919年12月14日，德国政府向英国方面正式提出释放最后一批战俘的请求。12月22日，协约国在德国方面交出5艘最新的轻巡洋舰后迅速对这一要求做出了肯定的答复。鲁伊特也在这一天被晋升为海军中将。

12月12日，鲁伊特还曾给劳合乔治写了第二封信，严词否认舰队自沉的命令来自于德国本土，并且否认特罗塔信件是给他下达命令的指控。

1920年1月10日，德国政府正式签订和平协议。1月29日早上，鲁伊特和少数

同时被拘押的随从离开关押地，被告知将有一辆特殊专列带他们登船回国。同一天夜里，德国方面派出的"里斯本"号货轮带着最后一批德国战俘向威廉港返航。轮船在不久后抵达威廉港，这是德国公海舰队14个月前进行最后一次航行的出发地。一支德国驱逐舰分队在港外迎接这艘轮船的到来，轮船之后在驱逐舰的引领下进入港口。鲁伊特受到了足以令在场所有人感动的欢迎仪式，一支乐队演奏了雄壮的音乐来欢迎他，特罗塔与其他军官一起早已在码头等候多时，同时还有大批老兵团体、军队和平民来欢迎他们的英雄——他们的英雄完成了一场足以载入世界历史史册的自沉行为。

回到家里之后，鲁伊特迅速向德国政府做出一份报告，主要阐述自沉事件发生后英国的应激反应。这份报告的题目是"英国破

177

坏国际法并迫害德国斯卡帕湾自沉舰队人员的备忘录"，最终在 1921 年 2 月 24 日由德国国防部发表。这份报告主要涉及英国人在船只自沉后向德国船员开炮、英国皇家海军士兵抢劫德国船员的行为，以及在战俘营中出现的个别虐俘事件。这些证据大部分是由士兵们给出的，士兵们在纸上写下了他们在战俘营和之后涉及的经历，这类报告整整堆成了一座小山，经过精选之后在 1921 年 3 月份出版公之于世。英国始终否认这些暴行，直到最后他们才承认确实发生过少量类似事件。

5 个月后，鲁伊特从德国海军中退役，原因显而易见——尚拥有 51 名海军将军的德国海军此时已经基本没有了船只，鲁伊特待在海军中根本无事可做。退役之后，鲁伊特放弃了他在威廉港的海军住房，搬到德累斯顿附近开始着手写他的回忆录，书名叫作《斯卡帕湾：德国舰队的坟墓》。1923 年，他再次搬到波茨坦，并成为一名议员。

1939 年 8 月 29 日，鲁伊特曾出席坦能堡战役胜利 25 周年纪念活动，四年后的 1943 年 12 月 18 日，鲁伊特在前往波茨坦议会的路上因心脏病发作逝世。在此之前他刚刚亲自葬下他的儿子，他的儿子在前不久于波兰阵亡，临死之前的军衔是海军少尉。

《纪念恩格尔伯特·恩德拉斯》
从潜艇艇长视角看大西洋潜艇战

作者：管曹梦茜

纪念恩格尔伯特·恩德拉斯

文/埃里希·托普

所有的希望都破灭了。当我在大西洋孤寂荒芜的海底写下这些篇章字句时，我知道，恩格尔伯特·恩德拉斯永远都不会回来了。

* * *

风暴肆虐的大西洋上，我们仍在向西航行。这是我的第十五次巡航，没有任何与众不同之处。我还记得，我们曾对第"十三"次心存疑虑与不安，好在平稳度过了。现在，那只不过是回忆中的一个影子。我从没想过，海洋会成为唯一一处让我感受到家的温暖的地方。贝特尔（托普对恩格尔伯特·恩德拉斯的昵称），这是因为我知道你在那里，你就在那海洋的深处。自你死后，巨大的空茫始终占据着我。我只能寄望于这片海，盼望它用它无垠的广阔填补我。我不想抱怨，我已不是哭一场就能获得安慰的孩子。哭泣对于我来说早就失去了效力。曾几何时，凡我身之所至、目之所及、心之所向、神之所往，你都在那里安然等我。而现在，你已不复存在。我们曾一同到达了生命的巅峰—现在想来，这是多么的荣耀，却又苦涩。

冰冷刺骨的海水冲击着艇身。我用绳子把自己固定在剧烈摇晃的甲板上。飞溅的浪花灼烧着我的眼睛，天空中闪烁的繁星此刻是如此的模糊。

就连星星都改变了轨迹，不再闪耀。贝特尔，你说过，你能感觉到有人与你心意相通时那难以言述的悸动。就好像整个宇宙都在你眼前，充盈了你的心，为它扬起航帆。说出来吧，贝特尔，说那些时刻的愉悦，是因为我在你的身边！我们之间的友谊，永远是一处源泉。从这里我们获取了面对人生的力量。这是我们之间，永恒的联结。

没人比你更懂我们那真切的友谊。就像你最后一次出航前说的：

命运，如果您垂爱于我们，请允许我俩都从战争中幸存。若您仍愿仁慈，请让我先走一步。

双子星卡斯托尔和波琉克斯仍明亮地挂在高空。上帝将它们放在那里，让它们成为友谊永恒的象征—双子星，熟悉我们的人都曾这样称呼我们。现在，他们应该是迷惑而又悲愤的吧，因为卡斯托尔并没有坠入深海，而你，却沉睡在那里，再也回不来了。

我想你可能对这一切早有预感。在写给我的最后一封信里，你这样说："上帝不会让我们回到快乐的旧时光中去，可他让地球继续转动，这样，有心人就能接着追寻他们的幸福。"

我已然倦怠了，可我听见了你的声音。我要为了你的遗志，去迎接新的挑战。我会继续在海风中航行，与敌人作战，直到为你获得那甘美的胜利。

在驶入大西洋后，按照航线，我们到达了菲尼斯特雷角的西北部。这时无线电侦察报告，有一支英国船队正从英吉利海峡驶往直布罗陀海峡。U艇指挥部随即命令附近的10艘潜艇准备作战。在侦察机的无线电导航下，我们很快就跟上了那支船队。我们的这支临时潜艇编队被命名为"恩德拉斯战斗群"。我小心翼翼地跟踪我们的猎物，指引其他的战友迅速到位。黄昏时分，这支船队已经在我们的包围之中了。贝特尔，你的名字与精神激励了大家。每个战术，每次攻击，都是我们在尽力完成你的遗志。

战斗是那么激烈。那支船队被驱逐舰紧紧护卫着。英国人为他们的军舰配备了最先进的武器和装备。他们击沉了三艘潜艇，重创了另两艘。但在三次交战之中，他们失去了六条船。贝特尔，你的精神给予了我们力量，保护了我们。

这就是我们的第十五次巡航。

你还记得吗？很久以前，在海军学校，三个年轻的海军军官生走到了一起。克劳斯、你，还有我。我们迷上了航海。当时学院里突然出现了一大群新来的军官生，我们也是其中的一分子。我们热爱那片海，甚至想用

每一分钟的闲暇与之亲近。繁忙的纸醉金迷的城市生活，对于我们来说并不重要。我们常常航行到松德堡的小港，买上一大堆鸡蛋和黄油，不顾健康地吃上很多甜腻的食物。谈笑打闹，赞美每一个漂亮姑娘。是的。就在那时，已经注定了，我们要成为一生的朋友。

你还记得吗？有一个晚上我们驾着小船游荡在波罗的海的一处港口外。凌晨，西北风力逐渐加强，我们决定返航。借着风，我们希望往西南方转向，但是任何努力都在小船越来越严重的倾斜中付诸东流。气流逐渐演化成了一场风暴。我们想抄近道缩短航程，但是这明显没用。正午时分，一股强大的下降气流狠狠地袭击了我们。我试着松开主帆，

■ 获得骑士勋章当天的托普。在图片中可以看见他的优秀射手勋带。从黑白照片中无法判断颜色，也就无从得知托普的优秀射手等级。

这样克劳斯就可以把它收起来。与此同时，你也在努力尝试收起三角帆。可第二波气流鼓起了我们的主帆，我们甚至还没能做出任何尝试，船就被风吹向了岸边。船舵变得尤为脆弱，在狂风中裂成了两半。由于没有提前准备，我们甚至都没法下锚。在我们反应过来之前，船就悲剧地搁浅了。我独自向岸边游去，试图寻求帮助。而你和克劳斯则留在了小船上努力保住财物。几个小时之后，我们狼狈不堪地获救了——头发蓬乱，衣衫破损，浑身湿透，我还受了伤。可我们是骄傲的，眼睛里也有了光彩——因为我们成功了。一艘摩托艇把我们拖回了基地。

在这些时刻中，我们找到了彼此。以前的日子里那些没能达成的欢愉，那些倾诉、倾听，相互欣赏的时光中所未享受到的快乐，都在危险到来的瞬间成了——在那些瞬间，我们相互依靠，内心是如此的契合。当我们意识到这一点时，那种喜悦是发自内心却又难以言述的。

以后的日子里，航迹时常将我们分离。为了成为合格的军官，我们不断地参与巡航。每当我们聚在一起，相互评价时，又总认为对方是最棒的。这不是因为缺乏自信，而是因为每个人都由衷相信，自己的朋友更有资格接受这一荣誉。

航校的生活结束时，我们之间许下了庄重的诺言—无论如何，我们都要在潜艇部队再见。

后来，海面上交错的航线，或者是陆地上繁重的工作，使我们像铁丝网后的囚犯一样没有一点自由。至今我还记得，一个又一个的傍晚，我和克劳斯坐在军官俱乐部的游廊下。只有呼吸着清爽的海风，我们才能把白天在营区里繁忙的工作给忘掉。我们注视着夕阳余晖下天际的那些小小的黑色剪影。那是训练结束后归航的船队。一种难言的渴望充斥着我们的心。我们所付出的一切努力，都是为了尽早成为他们中的一员。

最终，连你也摆脱了无聊烦琐的文书工作，加入作战部队。贝特尔，我知道你早就恨透了死气沉沉的官僚作风。一有机会，你定会迫不及待地把它们抛开，到我们身边来。

我和你把我们加入第七潜艇支队的那天在日历上用红笔圈了起来。那天我们开怀畅饮，直到沉入梦乡，都还在为成为艇员而庆祝。那是1938年的10月。那时，兵工厂里最先进的武器都难不住我俩。我们信心满满，不论命运在前方安排了什么，我们都会成为勇往直前的先锋。在为即将发生的战争而艰苦训练的几个月间，我们的关系更加亲近。贝特尔，那时我们都知道，这场战争，无法避免地要开始了。日常工作是如此的繁忙，我们都没有私人时间，更没有太多机会聚在一处，畅所欲言，共叙旧日时光。有时，我们也会抓住难得的时机，挤在窄小的"宿舍"里碰个头。那比牢房大不了多少的宿舍在一艘旧船"汉堡"号上。那时，哪怕在陆地上训练，我们也不得不住在船舱里。冬天的时候，如果供暖设备运行正常，会有大量的水蒸气凝结成水珠，从过热的钢板上滑下。有时，滚烫的船体甚至让人有些害怕。倘若供暖出现故障，那我们就只能瑟瑟发抖地熬过漫漫长夜。到了夏天，被晒得滚热的旧船内温度是如此之高，以至于相比之下，撒哈拉沙漠倒成了个凉爽的地方。而这一切与可怕的供水系统都不能相提并论。它不停地发出巨大的敲击声和轰鸣声，震耳欲聋，连绵不绝。以此折磨着每一个住在狭小船舱里的人。我们最后决定把房间外的那条走道称为"痛苦小径"。

好在，最终我们告别了这样的生活。那些艰苦的条件成了我们日后的谈资，直至被遗忘。我们厌倦的是永无尽头的文书工作。这几乎浪费了我们所有的晚间和周日。上级不厌其烦地把写好的报告退还。不是要求在这儿加一个逗号，就是要求在那儿添上些数据。结果我们就不得不用打字机把这些废话重新打印一遍。不过好在，当我们站在舰桥上准备出航时，这一切毫无价值的事情就都被我们抛诸脑后了。我们的眼中只有碧海蓝天和充满挑战的远方。这时，趁艇长不注意，我会偷偷地向你发出一条通信信息："大副呼叫大副—让那些家伙都下地狱去吧！"你则会很快回复我："大副呼叫大副—让他们加倍干活儿！"

战争的爆发让我们也领命出发，去往大西洋不同的海域。

在我们第二次巡航结束之后，有一天晚上，你跑来找我。那晚我们与克劳斯在一块儿。气氛突然变得有些奇怪。事实上，克劳斯没坐多久就匆匆走了。这与他往常的作风大相径庭。

"埃里希，我实在不能再瞒着你了。我得告诉你一件事。普里恩得到了一个任务。我只知道是有关敌军主力舰的。这是一个决定战局的任务—他们，还是我们，成败在此一举。克劳斯跟着 U-12 号也要参加。"

"就像埃姆斯曼？"你点点头。我沉默了一会儿，说："贝特尔，我真嫉妒你。"你则充满自信地告诉我："放心，一切都在掌握之中。"是的，我们谁都不会怀疑这一点。

当斯卡帕湾被袭击时，我正待在我的 U-46 号上，在设得兰岛附近海域等消息。普里恩顺利回到了适航水域，没遇到一点儿阻碍。除了普里恩、你，还有 U-47 号上的其他艇员，至少还有一个人感受到了无与伦比的高兴。那就是我。

克劳斯呢？有很长一段时间，我们没有他的任何消息。不过，我们告诉自己，别大惊小怪，通信系统有时就是爱出故障。不过，在这样危险的任务中，没消息往往就是个坏消息。就在我们放弃希望后，有一天，敌军电台发出了一条电讯，称有三个 U 艇艇员的尸体被冲上了海岸。那三个人正是 U-12 号的艇员。我们不肯相信这是真的。一定有别的可能性。也许他们被俘了，也许过不了多久他就会回来了。像传说中的那样，饿得半死的艇员把几乎没有油的潜艇开回了母港。没事儿，我们有耐心，潜艇兵生来就懂得如何等待。

不同的任务总是把我们分隔得太远。从北海到大西洋，都有我们的航迹划过。与同志们长时间的分离，几乎已经成了习惯。时刻保持警惕，与潜艇同生共死的紧张心情让我们几乎没有空余时间去想念自己的朋友。他们即使不能真的出现在身旁，也始终在我们的心中。有时我根本听不到关于他们的只言片语。有时他们的艇号在转瞬即逝的电波中一闪而过。这时，我就会突然觉得与他们相距如此之近，近得仿佛我一伸出手，就可以握住他们的手。时间流逝，季节更迭。就

连我们的基地都相隔那么遥远。见面变得那么困难。不像和平时期,到处都有朋友们的身影。尽管如此,我们的心却始终真挚,从未背离。当航线交错的时候,我们从昏暗狭窄的艇舱中爬出来,相互拍着肩膀,交换了然的眼神。好像要为自己在对方生活中的缺席道歉。好像要借此证实,自己仍存活于世。有时,在战斗中,难以控制的,克劳斯的身影会突然浮现在我的眼前,哪怕只有一秒。他的模样,或者说,是他的死亡,激励着我迎向更艰险的挑战,毫无畏惧——是的,克劳斯,我们懂得如何等待。

在那条敌方广播播出后很久,在国际红十字组织正式通告并无我方潜艇部队人员被俘之后很久,我猛然惊醒一我永远也不可能听见他的笑声了,我永远地失去了他。克劳斯,你的身后留下了永难填补的空白。你是第一个离开的,但并不是最后一个。每当我想起你,无比的悲痛之中,也总是包含了无比的骄傲。

可活着的人还是要继续未完的战争。我们的伤亡,总是很快就被新人弥补了。我总觉得U艇部队中的同志情谊尤为特别。因为我们巡航的时长,因为我们共同经受的身体的极限,因为无边无际的航线,因为忍受深水炸弹带来的长时间的生死考验,因为共同度过了最无助的听天由命的时刻。这些经历,为我们每个人留下了永久的印记。当一切浮华的东西离我们远去,剩下的就只是最单纯的人、最真诚的同志。

贝特尔,现在我想多回忆一些你的事。这样,别人就会知道,为什么我发自内心地把你当成我的知己。而不是像大多数人那样，只是随便滥用这个神圣的词。

如果我想举个例子来证明你的勇敢，那么我只需提到你参加的斯卡帕湾的突袭。或者谈一谈你参与击沉的超过25万吨（恩德拉斯的个人战绩最终确定为144019吨）的敌船。但我知道，这样的赞美只会让你不安。因为你从未把它们放在心上。

我曾有过一次机会，观摩一位雕塑家的工作。给我印象最深的是他如何从一堆裸石中挑出中意的一块儿。他飞快地审阅着每块石头，带着一种不容置疑的劲头。看见的人都会相信，只有他挑中的石头才能、也一定能成为一件艺术品，一件绝佳的雕件。他从没征询过我的意见。他的自信让他不需要别人的肯定。

我觉得，这正是你被选中成为 U 艇指挥官的原因。你全部的意志，都在帮助你，只是你自己从未觉察。只有在你最亲近的同志面前，你才会分享你的经验，或者表现出自己的担忧。如果有一大群人围着你，你反而要怀疑他们只不过是在猎奇，而不是想了解事情的真相。

每当你进入你特有的叙事模式，你总是那么平静，绝不夸张，从容自得，充满自省的睿智。你是上帝赐予我们的礼物。你用你真实的存在，丰富的经验，让我们着迷。你从不轻视我们遇见的危险，也从不轻视我们的敌人。毕竟，风暴就是风暴，深水炸弹就是深水炸弹。每次你向我们描述这些危急时刻时，你都毫不避讳地谈及当你注视着艇员的眼睛，深知人类有时是多么的弱小无助。你知道，用假装出的微笑去面迎死亡是多么的愚蠢。如果有人提到你视死如归的无畏，你必然要怀疑他说的到底是不是你。你会用怀疑的目光看着他，然后立刻判定他不属于我们这个最亲密的圈子。但你也会善意地忍耐，并不去打断他。因为你知道，那些出航的日日夜夜，那些追踪意料之外的猎物时的狂喜，那些空阔洋面下的追杀，不是每个人都能拥有的经历。别人也许永远不能理解，那些传统的词汇与价值观，在这些时刻并不适用。

是的，你总是如此谦虚。对于你来说，

■ U-12号的剪影。这也是U-12号留下的为数不多的照片之一。

这种精神应该存在于人生的每个角落。或者说，这是你从你全部的战争经验中总结出的真理。这种精神使你成了一个更好的人。洗去了所有的浮华，对事物的理解也愈发地简练和深刻。战争和随之而来的挑战升华了你的灵魂。你站在了一个更高的层面上，对事物的理解也超出了简单的逻辑范畴。虽然逻辑可以证明一切，但超脱于任何思想体系之外，我们才可以看见梦想的另一面。做一个正直的人，为自己和对他人的影响负责，这正是你那颗金子般的心所闪现的光芒：坦诚、正直、稳重、谨慎。而你的这些品质，也在你的作战日记里切实地反映出来了。

1045。毫无预兆，三架敌军飞机准备进行轰炸。

1048。紧急下潜。敌机自云中俯冲下来。第一架扔下四枚炸弹。潜艇艉部严重受损。

下潜后我们发现左侧传动轴以及后方升降舵损毁。第五号鱼雷管因外部保护层破裂进水。纵倾平衡水舱、一号压载水舱和防水艉舱均进水。

决定暂时坐沉。

艉部进水过多。水泵基本无效，需要紧急上浮。潜艇无法移动。缓慢吹除压载水舱。无效。

各舱室加压。漫长的几分钟后潜艇开始缓慢上浮。以40度角升向水面。

未发现敌机。

在这次战斗中海员普拉普被炸弹碎片严重击伤。

这就是你简洁的报告了。在读报告之前我就听你亲口向我描述过了。这场战斗让你记忆犹新。你的声音微微颤抖，仿佛你又回到了那场面之中。随后，你凝视着我们，拂去紧张焦虑的神色，说：“总之，仁慈的主肯定是希望我们继续前进。”

当你终于返航，把潜艇开回干燥的船坞之后，我们都看见了艇身上的那个大洞、被毁坏的艇艉，还有弯折的艇桅。船厂的人都纷纷表示难以置信：“真不能相信他们能把这样的船开回来！”他们显得那么骄傲，不仅因为他们造出了最好的潜艇，也因为他们认识了一位足以与之相配的指挥官。

我仿佛能听见轰炸机从云端尖啸着俯冲下来。也能想象当时的场面一瞭望员不顾一切地大喊着，警告大家。可就在所有人有所反应之前，炸弹就在潜艇的四周爆炸了。大家跌跌撞撞地爬过即将紧闭的舱门，离开被摧毁的艇艉。在巨大的冲击波作用下，潜艇艉部翘了起来，整艘潜艇像块大石头一样快速下沉。所有人都尽了一切努力。却不能拯救这艘艇。指挥官只能眼睁睁地看着受伤的士兵躺在自己面前，流血致死。海水不断地灌入艇舱，水面上升，使潜艇更快地坠向海底。这时，任何的举措，任何人类的意志似乎都无法挽救这艘潜艇的命运了。大家小心翼翼地往压载水舱中压入空气。试图让潜艇上浮一些。可返回水面竟是不可行的，因为那里的敌船正等着发出致命的最后一击。冰冷的海水透过艇身的伤痕向舱内喷涌。“船无法上浮。”你写道：“缓慢吹除压载水舱，无效。”写完这些之后，你的日记上只剩下了一大片空白。每个艇员都知道这意味着什么。焦虑等待的时间为蓬乱的金发染上了银色，让红润的面颊失血苍白，在光洁的额头上雕刻出时光的痕迹，让年轻的人提早衰老。

"所有水舱最大加压。一场漫长的等待之后，潜艇终于开始上升。以40度角向水面冲去。"这是你最后的机会，贝特尔，这是你孤注一掷的选择。与其在海底慢慢死去，不如在炸弹的欢呼声中迎向死亡。焦虑让时间变慢，度秒如年。你们用全部的求生意志紧紧抓住了最后的一丝希望。

当潜艇接近水面的时候，你刚刚放下的心又被揪紧了。接下来会发生什么？更多的炸弹？更剧烈的爆炸？末日到来了吗？

你打开了舱盖，飞快地四下望了一圈。

"目视范围之内没有敌机。"

你的日记中所描述的状况，那些没有直言的忧虑，那些巨大的压力，都足以击垮一个久经沙场意志坚定的老兵。只有懂得这些的人，才会理解我为什么称你是一个谦虚又勇敢的人。

1941年6月6日，天气持续恶化。风力9至11级。暴虐的大海几乎能吞没一切。一艘油轮进入目标范围。我们占据了先发制人的主动权。此时发动近距离袭击成功率应该很高。决定发起战斗。但这种风浪让潜艇保持潜望深度有些困难。

1005。第三枚鱼雷发射。34秒后爆炸。一开始由于大浪我们无法使用潜望镜。好在几分钟之后，我抓住了机会迅速一瞥。发现油轮近在眼前。我必须赶快指挥潜艇急转弯下潜。但为时已晚。在下潜

到16米时，巨大的船体撞上了我们。压载水舱安然无恙，但两个潜望镜都损坏了。潜艇快速逃离并且上浮。结果发现通往舰桥的舱门因为变形卡住了。无法从舱内打开。无奈我们再次潜入水中。没有了潜望镜的帮助，我们就算是盲了。

1200。回到水面。我们迅速打开了通往甲板的舱门。瞭望员第一个爬了上去。由于风浪太大，他随即就关严了舱门，并试图打开瞭望塔上的舱门。舰桥看上去像是个废品收购站。好在除了潜望镜之外没有什么大的损坏。我们不得不返航了。

1941年6月8日。我们发现一艘油轮。

1210。战斗准备。只有一个潜望镜可以凑合使用。但我们还是发起了进攻。

发射两枚鱼雷。全部命中目标。

2205。发现一艘商船。我们准备使用甲板炮开火。

0010。开火。敌船并未使用两门火炮还击。船员开始放下救生艇。

0045。停火。

0217。敌船沉没。

在"高层对此次巡航表示高度关切"的情况下，U艇指挥官——你——在报告里加上了这样一段话："在与油轮交火时，我们面对着恶劣的天气以及下潜深度的问题。在这样的天气情况下，进攻还是放弃，是一个难以抉择的问题。但我选择了开火。"

从你坦率的目光中，我们知道这一切的意义。可你总是保持低调。从不吹嘘自己的进取心和处理问题的能力。即使是你带领一艘损坏严重的潜艇攻击两条计划外的敌

船后，你也不愿多说什么。更不去提其中一艘船还装备了甲板炮。你的报告朴实无华，直击重点。你却谦虚地表示这只不过是天性使然。

我总说你是幸运的。在如此残酷的战争中，你可以指挥那么优秀的一支队伍。你的艇员全心全意地信赖你，信赖每一位战友。有次我读到了其中一个人写回家的信。更是对这一点深信不疑。那是你们最后一次出航前的信。

亲爱的大家：如果有一天，你们听说我们的潜艇没能成功返航。请不要再抱有任何希望。能在这样一位卓越出众的指挥官身边参战，我们荣幸之至。所有人都不愿落入英国人手中。希望积极勇敢的作战可以为我们带来胜利。如果不能，我们也愿意一同赴死，绝不回顾。

这封信用一种日耳曼式的勇敢谈到了生命、战争和死亡。同时，也让你的精神和你的形象更加清晰。在你的影响之下，这些年轻人在任何时候都能义无反顾地执行你的命令。也正是他们全心的信赖，让你能毫不迟疑、放心大胆地追踪敌人。

我也还记得，我们一同经历的那次激动人心的巡航。

那是个夏末晴朗的傍晚。无云的天空下，我们俩的潜艇并肩停靠在船坞。基地的每个人都含笑议论着。你和我，如此形影不离的两个人，竟要被派出执行同一项任务。这对每个人来说，都是一个特别的期待。

艇身上堆满了装饰用的鲜花，几乎迷了人的眼睛。半露在海平面上的太阳用温暖的余晖映照着每个人的脸庞——那是一张张愉悦的笑脸。

起航前，我把所有人都召集到上层甲板上。告诉他们："你们应该都知道，恩德拉斯上尉是我最好的朋友。大家都要加油。等这次巡航结束的时候，绝对别让我因为战绩不佳在他面前抬不起头来。"

我们加大了航速。港口在我们身后越退越远。依稀还能听见岸上的铜管乐队仍在演奏着送行的乐曲。只是这一点声音也愈发微弱。最后，我们失去了与海岸仅剩的联结。夜幕终于降临了，空阔的水天之间只有我们结伴前行。

四天后的晚上，我发现了一支船队。于是立即与不远处的你联系。在连续几次被击退之后，我决定先击沉他们的一艘驱逐舰。它下沉时自身携带的深水炸弹爆炸了，巨大的火球点亮了整片海域。让稍远处的你看了个一清二楚。你以此为导航，轻松地盯上了这支船队。破晓时分，我们两艘潜艇成功碰头了，随即快速交换了信息，制订了作战计划。后来的四个昼夜之中，我们紧紧地粘住了这支船队，再没让它们逃出视线。

敌人的护卫舰深知自己的职责所在。这几艘轻型护卫舰只要有机会就会突然向我们开火。白天，他们逼迫我们深潜；夜里他们用信号弹照亮海面，让我们无法靠近。但他也知道，这两艘潜艇是坚持不懈的狼，眼睛紧盯着他们的船队。只要瞧出一点破绽，我们就会猛扑上去将他们扯碎。敌人甚至又派出了增援护卫舰。我们迫于无奈只有向他们开火。这样才能缓解一些压力。敌人也毫不示弱。深水炸弹密集地扔下，作为给我们的回报。与此同时，敌军飞机也是一个大问题。他们还派出诱饵船，希望以此耗费我们的火力。可我们对此反应冷淡，绝不上当。

当我们中有一艘艇掉队时，另一艘就会立刻盯上。当一个受到攻击时，另一个就会开火支援。这场战斗拉出了一条700海里的战线，相当于从巴黎到莫斯科的距离。最终，这支船队逃进了爱尔兰海域。在这些天里，我们这两个指挥官根本没合过眼，保持着信息传递的顺畅，确保了两艘艇之间相互掌握情况。这对我们来说意义非凡。这让我们在如此激烈的战局之中感到了些许安心，彼此都更加坚强。进攻与反击之间的默契配合是整场战斗中最令我欣喜的部分。这四个日夜，是迄今为止我在U艇部队作战生涯中最激动人心的回忆，是我们职业生涯的高峰。是的，贝特尔，当我们返航后，当我发现你同我想的完全一样时，我是多么高兴啊！这种同志之间的情谊，这种心意相通的时刻，超越了一切——码头上欢呼的人群，接连不断的庆祝，不计其数的鲜花和拥抱，这一切，都无法与之相比。直到我们一同去U艇指挥部报告时，人们依然能从我们的话语中，从我们的眼睛里，感受到这份骄傲。

回想我们共同度过的日子，似乎总在夏天，总是那样愉悦。而今年的夏季，这次你踏上不归航程之前最后的相聚，又格外令人难以忘怀。简直无可取代。任何时候，我们都形影不离。四个星期的时光中，我们的

灵魂合而为一。不论我们在哪儿——在我们孤独的航行中思念不已的活力四射的巴黎，或者在乡间那座我们共有的房子里——我们都安然地度过每一天。每一声心跳都见证了我们之间的友谊。我们像自由的国王，世界都在我们脚下。可最终，我们还是得带领着脆弱的"小船"重返大洋荒芜的深处，与几十个艇员一起艰难度日。在头顶永恒的天空之下，我们渺小得像是几乎不存在。那些与风暴抗衡的日子，让我们见识了自然那令人生畏的威力。

你是潜艇指挥官，你的每一个命令都关乎它的生死存亡。当你获胜归来，那曾被你留在身后的母港一点点近了，充满喜悦迎向你，最美的女孩都向你挥手，最甘醇的美酒注满了你的酒杯。你在祖国的感激之中，像个国王一样归来。如果你得胜却不能返航，你也依然达到了生命的巅峰。命运为你免去了迟暮的苦痛。如此说来，上苍依旧把最好的礼物给了你，为你的死亡献祭。

这就是我们的生活。我们热爱自己的生命，却也从不为此自欺——我们总能坦然面对可能到来的危险，从不畏惧另一个世界，从不畏惧生命的终结。我们甚至在等待着死亡，就像我们渴盼充满挑战的完满的一生。如果死亡没有过早地将你我分开，我们就要一同走到生命的尽头。可是命运终究未垂爱于我们。

日子静静滑过。那天你最后一次走上母港，准备出航。我觉察到，这次的离别与以往有些不同。你的眼底有担忧的阴影。"这次出航让我不安。"你对我说，"我一点儿也不兴奋。我觉得我都不是平时的我了。"

■ U-12号与U-17号和U-21号一同停泊在威廉港。

贝特尔，我也感觉到了你的反常。这让我也焦虑起来。通常，你是最急着出航的那一个。你常对我说，等待离港的日子总让你失去耐心。当你站在甲板上，整个人都会显得那么快乐，那么满足。你总是穿着皮大衣，迫不及待地出发。那一刻，任何事都无法阻止你前行的脚步。你的目光只会朝向前方。我知道，那天你异于寻常的沉默不只因为十二月冰冷的天气。"你最好能尽快出航，来我身边。"你如此对我说。好像你知道，茫茫大海，终有一刻要把你从我身边掳走。

几天后，我果然也接到了任务。但是，不同的战事把我们分到了不同的海域。圣诞节过去了，我们同旧的一年告别，迎接新岁。夜里，我常坐在艇长室里用收音机听《莉莉玛莲》。贝特尔，你还记得吗？我们曾许下愿望，每天都要放一遍这支歌曲。这样。我们的心，就会与同志贴得更近。这是只属于我们的时刻。我们的心为了这回忆变得喜悦。我们对于美好的未来也更有信心。

失去你的消息后，我心中不祥的预感日渐增强。我几乎不得不去相信，某个可怕的猜想已经成真。好多天了，繁忙的无线电通信中始终没有你的音信。日复一日，我不愿相信这是真的。可你的静默压抑着我。分分秒秒，我几乎要窒息在你无边的沉默之中。我觉得自己被一个巨人狠狠击倒。可我仍然不断祈祷，无限放大每一点希望。我欺骗着自己，贝特尔，只有这样我才能熬过来。

我带领着我的潜艇从美国东海岸第一个赶回了基地。我知道岸上的人为我们准备了盛大的欢迎仪式。可我却特意提前四小时进港，就是为了躲开这一切。我们的潜艇进入船坞的时候，没人为我们欢呼。军港是那样宁静。我直接找到了首席工程师，在犹犹豫豫地问了几个关于天气和风向的白痴问题之后，我再也没法控制自己了，我故意问他："恩德拉斯上一次出航是什么时候的事？"他说："具体的时间我记不得了，但那是很久很久之前的事。他没有回来过。"我曾想着，也许你中途返港了，可他的回答，终结了这种不切实际的幻想。

我把潜艇送回了洞库。同志们都跑来祝贺我胜利返航。他们都用一种探寻的目光打量着我，意味深长。我知道他们没敢问出口的话是什么——"你知道你最好的朋友死了吗？"

我拒绝回应他们的目光，就像我依然拒绝放弃自己的臆想——也许你被俘了？没人提起你，贝特尔。我明白，他们是想让我多享受一会儿脚踏实地的愉悦，多享受一会儿被老朋友环绕的欢喜。没人比他们更加了解，每个归航的海员都需要这些。"谢谢你们，同志们，我真的，太谢谢你们了！回家真好！！"在这幕悲喜剧中，我主动地配合着他们，承担自己的角色。我向他们描述了这次任务，告诉他们我们如何在美国沿海击沉舰只，形容我们遇到的各种天气，让他们知道，我有多么为自己的艇员骄傲。我向他们说了每件事，可这都只是为了逃避一个话题。

当天晚些时候，我们坐在会客厅里。庆祝的酒杯已经放下，祝贺的话语已经说完。

终于，我打破了这沉默，直截了当地问我的支队指挥官。

"贝特尔回不来了？"

"嗯。"

"就没什么消息？"

"没有。"

"我知道了。"

四下好像变得更加安静了。只有我吐出的言语还悬在空气中——艰涩，绝望。就这样吧，这不是长篇大论的时候。我独自起身离开。我想要一个人待一会儿。

面对这一切吧，我告诉我自己，贝特尔再也不会回来了，你再也不可能听见他的笑声，再也感受不到他独有的幽默。面对这一切吧，没人能填补他留给你的空茫，没人能像他一样，充盈你的生命，与你共度人生的巅峰与低谷。面对这一切吧，你们曾经共同描绘的光明未来，永远也不会再有人与你一起实现。面对这一切吧，他现在正长眠于大西洋漆黑冰冷的海底，那曾是你们追踪敌人时，航迹划过的海域。

数周后，我发现自己置身于大西洋无垠的广阔之中，这是我现在唯一能称之为"家"的地方了。你的照片就在我面前。它旁边是一封信的复印件。那是你写给莫妮卡的信，我的朋友，可它看上去却像是你留给我的，最后的言语：

我们找到了彼此，但这探索的过程远没有结束。成千上万的人只懂自己的心，他们在转瞬即逝的人生中摇摆不定。每个人都需要去爱，去理解他人。这是唯一一让我们彼此靠近、心意相通的方法。这样，我们的回忆才会充实。我的思绪围绕着你，对于你给予我的一切，我一直心怀感激与欣悦。我总在想，我又能为你做些什么呢？要记得你一直保有的信念……无论发生什么……

贝特尔，你不仅是一位名垂青史，万众瞩目的潜艇指挥官，你更是一个伟大的人。你宝贵的精神，无时无刻不在激励着我们；你美好的心灵，也无时无刻不在感动着我们。在每个认识你的人心中，都必将有你的名字长存。

解 读

1934 年 4 月，德国的穆尔维克海军学院中，突然涌入了一大批海军学员。超过 300 名年轻人聚在一起，突然就将海军学院挤得满满当当。这不仅是因为他们人数众多，也因为他们朝气蓬勃。在德国四月的春天中，这些年轻人就像刚刚开始学习捕猎的小狼，欢乐而充满活力。很快，他们就将褪去青涩与冲动，变成老练沉稳的猎手。几年后，这批年轻人将在大洋上结群战斗，就像荒原上的狼群一样，追赶他们的猎物。这群年轻人从他们加入德国海军的那一天起，就注定要以一个共同的称谓为世人所知——34 级学员队。

1932 年 7 月 26 日，德国海军训练舰"尼厄伯"号（Niobe）在波罗的海沉没。在舰上实习的 32 级学员队的 36 名军官生在此次沉船事故中遇难。此后两年，德国海军都在努力弥补这一损失。1933 年，在对 33 级学员队进行了相应的扩招之后，1934 年，德国海军继续扩大了招收海军学员的规模，并从 34 级学员队中抽出了拥有商船工作经验的 27 人补充入 33 级，此后又从 35 级学员队中抽调了少数继任补充入 34 级。这样，34 级学员队的最终人数定格在了 323 人。

这三百余人之所以能够为大家所熟知，当然不光是因为学员队的庞大规模。这批学员在投入工作之后，很快就成了德国海军水面舰艇、潜艇、海军学院等各个部门的骨干力量，优秀的军官层出不穷。仅在潜艇部队中，就有许多我们熟知的名字——阿达尔伯特·施内（Adalbert Schnee）、弗雷德里希·卡尔·古根贝格（Friedrich-Karl Guggenberger）、卡尔·埃默曼（Carl Emmermann）、乌尔里希·福克斯（Ulrich Folkers）等等。当然，谁也不可能忽略两个极为耀眼的"明星"，埃里希·托普（Erich Topp）和恩格尔伯特·恩德拉斯（Engelbert Endraß）。

之所以称他们为明星，不仅仅是因为他们出色的战绩，也因为他们令人感动的友谊。他们的战友们都称两人为"双子星"。但不知是否真的应了希腊神话中的谶语，卡斯托尔生命有尽，波琉克斯享寿不朽。《纪念恩格尔伯特·恩德拉斯》一文，就是在恩德拉

■ 1941年夏天，恩德拉斯来到港口迎接返航的托普。恩德拉斯于1941年6月10日获得橡叶勋饰，当时托普还在海上巡航。这张照片应该拍摄于1941年5月6日，当天，托普结束了自己指挥U-552号的第二次巡航。

斯死后，埃里希·托普在巡航中为了纪念自己的挚友而作。

恩德拉斯的早年生活的细节，现在已难考证。所能够得知的仅是他1911年3月2日出生于德国巴伐利亚州的班贝格，在加入德国海军之前，他曾在商船上工作过数年时间，这也使他的年纪比34级的同学们稍长几岁。也正是由于他拥有在商船工作的经验，1935年4月，刚刚加入德国海军的恩德拉斯被补充入34级学员队。也正是这样，他才能够结识埃里希·托普。通过比对两人的学习与工作履历，恩德拉斯和托普最初的交集应该是在1936年。托普的航海实习结束于1935年10月，他离开巡洋舰"卡尔斯鲁厄"号（Karlsruhe）之后，跟同学们一起回到了弗伦斯堡的穆尔维克海军学院继续学习。1936年1月，恩德拉斯离开了石勒苏益格－荷尔施泰因的导航培训班，回到海军学院插班继续学习理论课程。此后，虽然插班生恩德拉斯数次离开34级的大部分同学，参加

各种短期培训班，但是他与托普的友谊却越来越深厚。

从海军学院毕业之后，托普先回到了"卡尔斯鲁厄"号上工作，1937年10月，他被调入了潜艇部队。1938年11月2日，托普被任命为U-46号的大副。毕业后的恩德拉斯则被分配到装甲舰"德意志"号（Deutschland）上服役，数月之后，同样是在1937年10月，他被调入潜艇部队。在进行了一年多的强化学习和文书工作之后，1938年12月17日，恩德拉斯被派上了潜艇U-47号，担任大副。而U-47号的艇长，正是日后大名鼎鼎的京特尔·普里恩（Günther Prien）。1938年12月17日，很有可能是托普在文中提到的"我和你把我们加入第七U艇支队的那天在日历上用红笔圈了起来。那天我们开怀畅饮，直到沉入梦乡，都还在为成为艇员而庆祝"的日子。随后，托普在文中给出了一个时间，"那是1938年的10月"。这一时间很有可能是一个约数，因为1938年10月，恩德拉斯还在第5潜艇支队工作，托普先行来到了第7潜艇支

■ 这大概是托普最有名气的一张照片，在巡航中，一名随艇记者拍摄下了托普操作潜望镜的动作。随后，德国发行了以这张照片为原版的邮票。

■ 恩德拉斯和朋友们一同在法国郊外的别墅里聚会。照片是由托普拍摄的。此时恩德拉斯已经获得了橡叶勋饰。

■ 托普和恩德拉斯在圣纳泽尔基地。

能把白天在营区里繁忙的工作给忘掉。我们注视着夕阳余晖下天际的那些小小的黑色剪影。那是训练结束后归航的船队。一种难言的渴望充斥着我们的心。我们所付出的一切努力，都是为了尽早成为他们中的一员……最终，连你也摆脱了无聊烦琐的文书工作，加入了作战部队。"

至此，不得不提到另一位让托普和恩德拉斯倍加珍视的朋友——克劳斯·佩恩（Klaus Pein）。对于佩恩，我们所能掌握的信息更是极为稀少，所知道的仅仅是他1913年11月26日出生，阵亡时为U-12号的大副，海军中尉军衔。

U-12号属于ⅡB型近岸作战潜艇，艇身全长42.70米，艇内舱室长度28.20米；艇身宽4.08米，艇内舱室宽4米；水面续航能力3100海里，水下续航能力43海里；艇艏3具鱼雷管，艇艉没有鱼雷管，一次巡航可携带鱼雷5枚，水雷12枚。相比于日后的Ⅶ型和Ⅸ型，Ⅱ型潜艇简直就像一个袖珍模型。这也难怪德军自己都将其称为"独木舟"。战争开始时，邓尼茨拥有的大部分潜艇正是这样的"独木舟"。

U-12号自进入服役起，先后共有三名艇长执掌此艇。战争开始时，艇长是海军上尉迪特里希·冯·德·罗普（Dietrich von der Ropp）。1939年8月25日，就在战争正式开始之前，U-12号被派出威廉港执行巡逻任务。在北海巡逻16天后，回到了基尔。此后不久，U-12号从基尔开会威廉港补充给养。1939年9月23日，U-12号开始了自己的第二次巡航。当天他们从威廉港起航之后，选择了一条极为危

队，但是并没有"成为艇员"，而是与恩德拉斯一样做一些文书工作。这在文章中也有所体现："只有呼吸着清爽的海风，我们才

险的线路，即沿着荷兰和比利时海岸，从英吉利海峡北侧进入，来到了多佛尔海峡附近。由于此次航行是为了配合普里恩指挥U-47号潜入斯卡帕湾，所以U-12号从出航那天起，就严格保持着无线电静默。但是，10月17日，U-47号返航回到了威廉港，U-12号却仍然没有消息，这一反常引起了德军方面的注意。"有一天，敌军电台发出了一条电讯，称有三个U艇艇员的尸体被冲上了海岸。那三个人正是U-12号的艇员"。可以确定的是，U-12号的艇长冯·德·罗普的遗体于1939年10月29日被冲上了法国海岸。

可正如托普说得那样，"活着的人还是要继续未完的战争"。巡航还在一次又一次地继续，危险也总是一次又一次地降临。1940年1月，恩德拉斯离开了U-47号，参加完艇长培训班之后，5月22日，他被任命为U-46号的艇长。可惜的是，托普已经于4月30日离开了U-46号，前往第1潜艇支队报到。6月5日，托普被任命为U-57号的艇长。此时的恩德拉斯，已经在北大西洋上展开了厮杀。他的第一次巡航就成绩斐然，取得了击沉5艘敌船，击伤一艘，共计44129吨的战绩。这一战绩也让他立刻成了潜艇部队一颗冉冉升起的明星。

当然，与成功相伴的还有危险。

1940年10月25日，恩德拉斯正指挥U-46号进行他个人的第4次战斗巡航。此前，10月18日到20日三天，他已经击沉了5艘敌船，共计22966吨。这天，3架英国皇家空军第228轰炸机支队的哈德森轰炸机发现并袭击了潜艇，U-46号被严重炸伤。恩德拉斯在作战日志中也记载了："艇员普拉普（Plaep）被炸弹碎片严重炸伤。"虽然最终他们摆脱了轰炸机，在进行损管之后控制住了潜艇，但是艇员普拉普还是因伤势过重，于10月26日去世。但这并不是恩德拉斯第一次经历艇员的阵亡。1940年9月27日，在一次紧急下潜过程中，两名艇员没有来得及回到舱内，淹死在了海上。

战争的残酷让托普、恩德拉斯与他的战友们更多地思考着生命、死亡与恐惧。

风暴就是风暴，深水炸弹就是深水炸弹……我们……深知人类有时是多么的弱小无助……用假装出的微笑去面迎死亡是多么的愚蠢。

■ 托普指挥U-552号返航。指挥塔围壳上涂装着潜艇的艇徽——红魔鬼，另一侧还画有一个第7潜艇支队的队徽，愤怒的公牛

■ 1941年6月20日，埃里希-托普被授予骑士十字勋章，1942年4月11日被授予橡叶勋饰，1942年8月，托普晋升少校军衔。这张图片应该拍摄于1941年的夏天，当时托普身穿夏季制服，尚未佩戴橡叶勋饰。

1941年5月15日，恩德拉斯开始了他的第7次巡航。他指挥U-46号来到了北大西洋中部。值得注意的是，恩德拉斯在作战日志中这样写道："6月6日……1005。第三枚鱼雷发射。34秒后爆炸。一开始由于大浪我们无法使用潜望镜。好在几分钟之后，我抓住了机会迅速一瞥。发现油轮近在眼前。"事实上，这一次遭到攻击的油轮并没有出现在恩德拉斯的战绩表上。原因可能有两种：一是鱼雷并没有击中油轮，恩德拉斯听见的爆炸声缘于鱼雷自爆；二是油轮被击伤，但是没有被盟军报道，德国方面也就没有证据来证实恩德拉斯的战绩，所以将这一条战果移除。事实上，有很多德国海军的艇长都曾经击沉或者击伤过敌国船只，但是由于德军无法从盟军报道中证实，不能将战

果归在这些艇长的名下。这一现象最为突出的是北冰洋战区，德军击沉、击伤的不少苏联船只最后都无据可考，只能算白忙活一场。

1941年6月8日，U-46号13点25分用两枚鱼雷击伤了英国油轮"恩西斯"号（Ensis）。这艘油轮可以说是大难不死，不仅仅是因为她逃脱了这一次攻击。事实上，在整个第二次世界大战期间，一共有三艘潜艇对她发起过进攻，但都只是击伤了她。6月9日0点01分，恩德拉斯下令U-46号向英国商船"费迪亚斯"号（Phidias）发射了此次巡航携带的最后一枚鱼雷。鱼雷击中船体后并没有爆炸。于是恩德拉斯下令U-46号上浮，于0点10分开始使用甲板炮向商船开火，最终击沉了"费迪亚斯"号。

1941 年 9 月 24 日，在指挥 U-46 号进行了 8 次巡航，在海上作战 195 天之后，恩德拉斯卸任 U-46 号的艇长。10 月 15 日，他得到了 U-567 号的指挥权。而早在 1940 年 12 月，托普就已有了一艘新潜艇——"红魔鬼" U-552 号。

"那是个夏末晴朗的傍晚。无云的天空下，我们俩的潜艇并肩停靠在船坞。基地的每个人都含笑议论着。你和我，如此形影不离的两个人，竟要被派出执行同一项任务。这对每个人来说，都是一个特别的期待。"托普在文中将他与恩德拉斯一同离港的这一天描述成"夏末晴朗的傍晚"。根据两人的作战日志，托普和恩德拉斯只有一次一同离港，这一天是 1941 年 10 月 25 日。这一次巡航，是埃里希·托普指挥 U-552 号进行的第 6 次巡航，也是恩德拉斯指挥 U-567 号的第一次战斗。离开圣纳泽尔之后，两艘潜艇向西航行，进入北大西洋中部寻找机会。10 月 30 日，两艘潜艇一同加入了"突击队"战斗群（Stosstrupp），此时，战斗群中还含其他 4 艘潜艇。1941 年 10 月 30 日，托普指挥 U-552 号击沉了美国的驱逐舰"鲁本·詹姆斯"号（Reuben James）。当时这艘"中立国"军舰正在为船队 HX-156 护航。这支船队，就是托普在文章中提到的，被他和恩德拉斯不眠不休四昼夜加以追击的船队。11 月 4 日，U-552 号和 U-567 号退出了"突击队"战斗群。1941 年 11 月 26 日，两人返回了圣纳泽尔。托普在文章中称："这场战斗拉出了一条 700 海里的战线，相当于从巴黎到莫斯科的距离。"如果按照托普在文章中提到的作战距离计算，那么这

一比喻就是错误的。根据 1929 年国际水文地理学会议（International Extraordinary Hydrographic Conference）通过的海里的标准长度，1 海里等于 1852 米，那么 700 海里就是 1296.4 公里。而巴黎到莫斯科的直线距离 2495 公里（1347 海里），远远长于此次战斗的里程。根据托普的作战日志，U-552 号与恩德拉斯的 U-567 号在 1941 年 10 月 30 日至 11 月 2 日这 4 天里有频繁的无线电交流，符合文中托普提到的："我们这两个指挥官根本没合过眼，保持着信息传递的顺畅，确保了两艘艇之间相互掌握情况……这四个日夜……"德国海军规定艇长们在每一天结束的时候要在作战日志上标注当天的航行里程，这就给了我们查看数据的便利。这四天中，托普巡航总里程为 967.1 海里。虽然超过了他在文章中提到的 700 海里，但也远没有达到巴黎与莫斯科之间的直线距离——1347 海里。

事实上，这次让所有人充满期待的巡航，最终以托普击沉一艘美国军舰，恩德拉斯一无所获而告终。这多少与托普的描述略有出入。一般来说，如果潜艇攻击的是独自航行的商船，那么在鱼雷发射之后，艇长可以升起潜望镜观察，也可以下令潜艇上浮等待结果。在商船沉没之后甚至可以将潜艇开到救生艇旁询问船员船只的名称与吨位，这样，他们上报的战果就会比较准确。但是在攻击护航船队的时候，军舰与空中巡逻机的存在让大多数艇长不能冒险确认战果，他们往往只能通过水听器来判断鱼雷是否击中目标。但是这样做有一个致命的弱点，就是，艇长们很有可能听见的是鱼雷自爆的声音，却误

将其记录为一条战果。并且，根据1940年起通用的潜艇作战战术，攻击护航船队时，艇长应将多枚鱼雷呈扇面射出，以尽可能多地击中敌方船只。这在狼群作战中就带来了一个问题。多艘潜艇从多个角度向多艘船只开火，场面经常是一片混乱，仅靠水听器判断战果当然是相当不可靠，有时哪怕艇长升起潜望镜观察，也很难判断出哪一艘船是被自己发射的鱼雷击中的。这就导致战绩虚报的成分很高。

当然，潜艇兵们拥有的不仅是广阔大洋上的厮杀，也有快乐舒适的休假。"不论我们在哪儿——在我们在孤独的航行中思念不已的活力四射的巴黎，或者在乡间那座我们共有的房子里——我们都安然地度过每一天"。既然提到了巴黎，那就不得不说一说潜艇官兵的业余生活。

长期在海上孤独地作战，让每个潜艇兵都无限向往休假时的轻松与热闹。几乎每个人都有自己最喜欢的娱乐场所。U-575号的艇员在汉堡等待潜艇完工的那段时间里，爱上了一个叫"里里普特"（Liliput）的酒吧，于是潜艇建成之后，他们就将酒吧的名字当成艇徽的一部分画在了指挥塔围壳上。头号潜艇王牌克雷齐默尔最喜欢的是巴黎的切兹艾莲俱乐部（Club Chez Elle），他曾带着吕特在那里喝酒、聊天，消磨了一个晚上，第二天睡倒在邓尼茨的专车里。克雷齐默尔的好朋友舍普克对于酒吧也有自己的偏爱。他曾经表示："海上的作战让我不能呼吸。我现在最希望的就是赶紧到'舍赫拉查德'（Scheherazade）去，把自己埋进一堆漂亮姑娘里。"他们带着某种及时行乐的态度为

这些酒吧、俱乐部贡献了大笔的钞票。战后，有退役的潜艇兵向记者表示："我们出航的时候能赚到不少钱，但是一回来就肯定要花得精光—谁知道下次出港会不会死呢？"

舍赫拉查德是巴黎的一间饭馆，晚餐时段结束之后，它就会摇身一变成为最吸引人的酒吧。酒吧是一个白俄罗斯人开的，他的名字叫"弗拉基米尔"（Vladimir）。酒吧的名字取自《一千零一夜》中，讲故事的王后舍赫拉查德。这间酒吧真的就像这位王后一样，给潜艇官兵们营造了一个又一个五光十色的奇妙夜。毫不夸张地说，很多艇长和艇员结束巡航之后想做的第一件事不是回家，而是去舍赫拉查德，这让邓尼茨百思不得其解。在这群迷恋巴黎这间酒吧的人当中，自然有托普和恩德拉斯。

当时，托普的女友是一名俄罗斯舞蹈演员，名叫"帕蒂"（Pati），而恩德拉斯的女朋友则是一名叫"莫尼克"（Monique）的比利时姑娘。莫尼克喜欢唱歌，经常在聚会的时候为大家演唱《莉莉玛莲》。1941年11月，恩德拉斯与托普返航之后照例来到了舍赫拉查德，开朗的恩德拉斯为大家开了一场盛大的聚会，结果在聚会上他自己喝醉了。在宾馆，恩德拉斯拿出了手枪打坏了水晶吊灯。事后他被带到了邓尼茨的面前，挨了一顿训。

1941年12月18日，恩德拉斯最后一次出航。他对托普说："你最好能尽快出航，来我身边。"12月25日，托普指挥U-552号也离开了圣纳泽尔。而他并没有到恩德拉斯身边，事实上，他再也不可能找到恩德拉斯了。12月21日，U-567号沉没，恩德拉

198

斯与他的潜艇、他的艇员相伴长眠海底。与他一同消逝的，还有两年前斯卡帕湾那场传奇所剩无几的余晖。

托普结束了在加拿大东海岸的巡航后，乘火车来到了巴黎。此时，舍赫拉查德的老板弗拉基米尔也从来自潜艇指挥部的客人那里获悉了恩德拉斯的死讯。托普到达巴黎的那天晚上，舍赫拉查德难得的没有营业。托普、弗拉基米尔、莫尼克、帕蒂和酒吧的侍者们一起为恩德拉斯举行了一个小型的纪念仪式。

托普在当天的日记中写道："今天，一切都消逝了，永远无法弥补。'火焰熄灭了，游戏结束了，我们的联结终止了'。"

此后，埃里希·托普指挥 U-552 号巡航三次，最后他交出了潜艇的指挥权，接受了一个岸上的工作。在《纪念》开篇，他写道："这是我的第十五次巡航，没有任何与众不同之处。"托普作为潜艇指挥官，在担任 U-57 号艇长时出航两次，指挥 U-552 号出航 10 次。此外，在担任 U-46 号大副期间，跟随艇长赫伯特·索勒（Herbert Sohler）出航 4 次。（具体航行时间、战绩见附表）他在文中提到的第 15 次巡航，所指应该是 1942 年 6 月 9 日到 6 月 19 日的这一次。也正是在此次巡航之中，他带领 U-552 号加入了恩德拉斯战斗群，这一点在文章中也有所提及，可以引为旁证。

"恩德拉斯"战斗群组建于 1942 年 6 月 12 日，解散于 6 月 17 日，一共有 9 艘潜艇加入，主要攻击目标是护航船队 HG-84，取得了击沉 5 艘敌船，共计 15858 吨的战果。这 5 个战果全部是托普指挥 U-552

号在 6 月 15 日获得的，用他的话来说，就是："贝特尔，你的名字与精神激励了大家。每个战术，每次攻击，都是我们在尽力完成你的遗志"。

但是在这里，托普的描述与真实情况有所出入："他们击沉了三艘潜艇，重创了另两艘。"查询德国海军潜艇部队的潜艇沉没记录可以得知，1942 年 6 月总共只有三艘潜艇沉没，分别是 6 月 2 日沉没的 U-652 号、6 月 13 日沉没的 U-157 号和 6 月 30 日沉没的 U-158 号。且三艘潜艇沉没的位置都与"恩德拉斯"战斗群作战的位置不符。

战争结束后，埃里希·托普重新加入了联邦德国海军。1958 年 3 月，他曾回到诺伊施塔特的训练基地，看着熟悉的军官俱乐部，怀念好友恩德拉斯。就像希腊神话中的双子星一样，他无时无刻不在想念着自己的同伴。英年早逝，恩德拉斯和佩恩无疑是不幸的。但他们又是幸运的，相比于其他长眠海底而不为人知的战友，托普的笔墨让他们永生。

我们总能坦然面对可能到来的危险，从不畏惧另一个世界，从不畏惧生命的终结……命运为你免去了迟暮的苦痛。如此说来，上苍依旧把最好的礼物给了你，为你的死亡献祭。

正如托普晚年在一封信里写到的那样：

在死亡面前，是什么将我们活着的人与那些故去的人相联结？又是什么，将那些安然辞世的人与那些在痛苦中殒命的人联系到了一起？对于我们来说，死亡不是偶然，死亡是我们做出的决定。早在 1934 年，我们加入海军的时候，我们就决定了为民族与祖国而战，也要为民族与祖国而死。带着这种信念，我们步入战争。直到现在，它仍在我们的梦里，不肯放过我们这些幸存的人。那些死去的人，原本可以退却，可以退出，可以将自身的安全与家庭的希望放在祖国的需要之先，但是他们没有，我们都没有。今天，有不少人说："他们完全可以接受溃败，放弃战争。"换句话说，就是"他们本不用做此无谓的牺牲"。但是他们没有。他们用生命践行了自己的誓言……对于每个人来说，死亡都是造物主为我们设定好的结局——比起单纯地"活着"，准备好为誓言献出生命，是更为崇高的人类精神。

附表：埃里希·托普历次巡航一览							
次数	艇号	身份	出发日期	出发地点	返航日期	返航地点	战绩（吨）[1]
1	U-46	大副	1939 年 8 月 19 日	基尔	1939 年 9 月 15 日	基尔	
2	U-46	大副	1939 年 10 月 3 日	基尔	1939 年 11 月 7 日	基尔	7028
3	U-46	大副	1939 年 12 月 19 日	基尔	1940 年 1 月 10 日	基尔	924
4	U-46	大副	1940 年 3 月 11 日	威廉港	1940 年 4 月 23 日	基尔	
5.1[2]	U-57	艇长	1940 年 7 月 15 日	卑尔根	1940 年 7 月 20 日	卑尔根	10612
5.2	U-57	艇长	1940 年 7 月 22 日	卑尔根	1940 年 8 月 7 日	洛里昂	2161
6	U-57	艇长	1940 年 8 月 14 日	洛里昂	1940 年 9 月 3 日	沉没[3]	29495
7	U-552	艇长	1941 年 2 月 18 日	赫尔戈兰岛	1941 年 3 月 16 日	圣纳泽尔	12749
8	U-552	艇长	1941 年 4 月 7 日	圣纳泽尔	1941 年 5 月 6 日	圣纳泽尔	24119
9	U-552	艇长	1941 年 5 月 25 日	圣纳泽尔	1941 年 7 月 2 日	圣纳泽尔	24401
10	U-552	艇长	1941 年 8 月 18 日	圣纳泽尔	1941 年 8 月 26 日	圣纳泽尔	2129
11	U-552	艇长	1941 年 9 月 4 日	圣纳泽尔	1941 年 10 月 5 日	圣纳泽尔	18687
12	U-552	艇长	1941 年 10 月 25 日	圣纳泽尔	1941 年 11 月 26 日	圣纳泽尔	1190
13	U-552	艇长	1941 年 12 月 25 日	圣纳泽尔	1942 年 1 月 27 日	圣纳泽尔	10560
14	U-552	艇长	1942 年 3 月 7 日	圣纳泽尔	1942 年 4 月 27 日	圣纳泽尔	45731
15	U-552	艇长	1942 年 6 月 9 日	圣纳泽尔	1942 年 6 月 19 日	圣纳泽尔	15858
16	U-552	艇长	1942 年 7 月 4 日	圣纳泽尔	1942 年 8 月 13 日	圣纳泽尔	33275

① 战绩吨数包括击沉和击伤的敌方船只总吨数。

② 按照德国海军官方记载，这两次巡航之间的停泊只能算是经停，而不能算作返航，因此才将第五次巡航分为 5.1 和 5.2 两个阶段。

③ U-57 号于 1940 年 9 月 3 日在北海与一艘挪威轮船相撞沉没，艇上 6 人遇难，包括艇长托普在内的 19 人获救。U-57 号随后被打捞上岸，经过维修后作为训练艇重新投入使用。